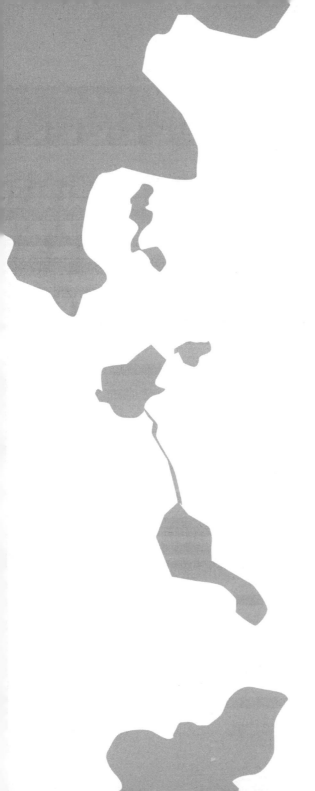

地理上的经济学

[日]宫路秀作 著

吴小米 译

ZHEJIANG UNIVERSITY PRESS
浙江大学出版社

导　读
读懂了地理，就能轻松看懂财经新闻！

驱动全球经济的，是地理。

对全球的经济信息观察得越多，就越会有这样的想法。

比如说：

▲ 为什么美国总统特朗普会决定脱离 TPP[1] ？

▲ 为什么土地和资源都不丰富的日本可以成为经济大国？

▲ 为什么中国会在2015年放开二孩限制？

....

[1]　TPP，全称"跨太平洋伙伴关系协定"（Trans-Pacific Partnership Agreement），也被称作"经济北约"。它是由亚太经济合作组织成员国中的新西兰、新加坡、智利和文莱四国发起，从2002年开始酝酿的一组多边关系的自由贸易协定，原名亚太自由贸易区，旨在促进亚太地区的贸易自由化。

▲ 为什么印度年轻人都愿意选择 IT 行业?

▲ 为什么日本要加强与俄罗斯之间的经济联系?

这些问题的答案,都隐藏在"地理"之中。

我们说的地理,并不单单指关于地形、气候等自然环境的学问和知识,还包括农业与工业、贸易、交通、人口、宗教、语言、城市与村落等,指我们在现代社会中时时都能接触到的所谓"现实领域"。

▲ 地理,顾名思义,就是"地球的理"

地理的英文是"Geography",是由拉丁语的"Geo"(地域)与"Graphia"(描绘)共同组成的合成词。

在我们这个时代,只要拍一张照片,不仅能反映当地的自然情况,还能包含当地居民的衣食住行和当地的土地利用情况等各种信息。

但是,在照相机还没有出现的时代,所有的信息都需要用笔描绘下来,也就是把"Geo"(地域)"Graphia"(描绘)下来。而这,就是"地理"的本质。

　　地理并不只是简单地将表面可见的事实排列出来，而是基
于每个地域，将其上附着的各种信息进行收集、分析和探究。这
里面包含了各种道理、规则和逻辑，所以我们说地理是地球运行
的"理"。

▲ 经济就是土地和资源的争夺

　　人类的很多行为，归根结底都是对土地和资源的争夺，而原因
其实非常简单，就是土地和资源不足。

　　正因为不足，所以物品的价值都是由需求和供给的关系决
定的。

　　而一旦需求得不到满足，争夺战就开始了。

　　学明白地理，就能更深刻地理解人类的这种争夺土地和资源的
行为。

　　本书会从地理位置、资源、贸易、人口、文化这五个方面切入，
为大家提供一个能看懂当下并把握未来走势的视角。

　　在地理的范畴中，我们将各类要素组合在一起构成的完整叙事
称为"景观"。而在观察现代社会时，我们不应该只考虑某一单独
事件，而要在了解背景知识的前提下去观察。一旦你对背景知识的
了解已经达到"想要告诉别人"的程度，那么你眼中的世界会变得

有趣很多。

　　需要说明的是，本书引用的数据主要源自国际货币基金组织（IMF）、联合国、国际能源署（IEA）、世界汽车组织（OICA）等，限于篇幅不再一一列举。附录的国际统数据主要参照GLOBALNOTE网站的综合分析。

　　看完本书，你一定可以看透"当下"，并先人一步把握"未来"。

783.134

231.678

24.4446

6.4308

24

⊛ 序　章

UNDERSTANDING ECONOMICS
A GEOGRAPHICAL APPROACH

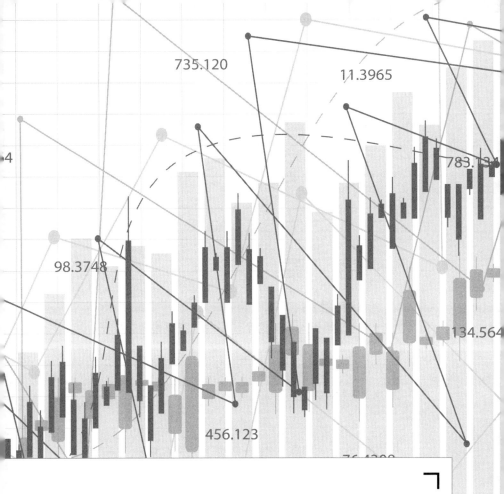

735.120

11.3965

98.3748

456.123

783.134

134.564

本章的主要出场国

冰岛、日本、俄罗斯、加拿大、美国、中国、巴西、澳大利亚

季风亚洲（Monsoon Asia）是指受季风影响的亚洲地区。其界线西起塔尔沙漠东缘，向东经喜马拉雅山脉、青藏高原东缘、大兴安岭一线。

序 章

01 自然
地球赐予人类的这个"平台"究竟是什么样子？

> ▲ 冰岛发展中暗含的"地理与经济"

在序章中，我会向大家讲述如何用地理的视点来把握经济。话题一共有四个，分别是自然、比例尺、资源和距离。这四点与经济的关联非常密切，在本章中会被反复提及。

在地理这门学科中，有一个领域叫"自然地理"，主要研究的是自然环境的地域性。

学好自然地理，就能明白人们的生活状态。因为人类的文化，都是按照最适合当地自然环境的形式而发展的。

拿日本来说，在北海道和冲绳，人们的生活状态完全不同。了解这些地方的地域特征，就能更好地理解当地人们的生活。

也就是说，学习自然地理，其实就是学习地球提供给人类的"平台"，从而进一步理解人类的经济活动。

北欧有个叫冰岛的国家，人口约35万（截至2014年），国土面积约10.3万平方千米，是个很小的国家。

冰岛由于有很多火山，所以一直以来都利用地热进行发电，其地热发电量占据了全国发电总量的26%。

而且冰岛国土北部达到了北纬66.6度，属于高纬度国家，气候十分寒冷，年平均气温在10℃以下。

因此，冰岛境内存在许多由于冰河侵蚀而形成的U形峡谷。[1]冰岛人民也正是利用这些峡谷的高低落差，利用水力进行发电，至2016年，其水力发电量达到了全国发电量的71.03%。

也就是说，冰岛是一个完全依靠可再生能源（地热、水力等）进行发电的国家。

因为自然环境特殊，冰岛利用这些资源发电的成本比通常的火电及核电低，冰岛政府也因此大力发展铝制品工业。

铝制品是用电分解氧化铝而得到的，所以生产过程中会耗费大量电力。因此，对于铝制品工业来说，低价电力是不可或缺的一个因素。

实际上，在冰岛的对外贸易中，铝制品一直是其主要出口品。

也因此，冰岛虽人口较少，但2014年人均年耗电量却达到了5.39万千瓦时，名列世界第一。

地球提供给人类的"平台"，我们称之为"自然"。就像人们常

[1] 这种由于冰川和冰河侵蚀而形成的峡谷，一般被称为U形谷或冰蚀谷。

说的"大地母亲"一样，我们脚下的土地，支撑起了我们所有的经济活动。

▲ 什么叫"好地方"？

一般来说，国土面积越广阔，能容纳的人就越多。但是，只是面积辽阔是没有任何意义的。拿澳大利亚来说，其国土面积有769.2万平方千米，约是日本的20倍。但其国土的60%左右为干燥地域，适宜人类生存的区域十分有限，所以澳大利亚的人口集中在东部到东南部以及西南部的湿润区域。

工业要发达，就需要丰富的矿产资源。钢铁被称为"产业的食粮"，其主要原料是铁矿石和煤。如果一个国家需要大量依赖进口的铁矿石和煤，那其工业成本自然会大幅提高。

只有那些土地辽阔、降雨充沛、矿产资源丰富的地区，对于人类的经济活动来说才是最合适的平台，也就是我们经常说的"好地方"。

地理支撑经济

○ **案例** **冰岛** 北欧的小岛国

· 拥有众多火山，可利用地热发电
· 拥有众多U形谷，水力发电盛行

因此

可低价获得电力资源

其结果

生产过程中需要大量电力资源的
铝制品行业兴盛，成为国家支柱
产业之一

02 比例尺

看起来更大？看起来更小？

> ▲ 地理学的基本技能

请看下面这张图。

图中有一条河，在河附近有一栋大厦。

那么，这栋大厦离这条河的距离是否很近呢？或者说其实很远？

答案是：既不能说近，也不能说远。

因为，根据比例尺的不同，我们的答案会发生根本的变化。

如果比例尺是20万分之一，那么这张图描绘的就是一片非常广阔的区域，河流与大厦之间的距离也会变得很远。而如果比例尺为2.5万分之一，那么相对20万分之一来说，图中描绘的范围就大大缩小了，大厦和河流之间的距离自然也就缩短了。

重要的是，从什么角度来观察。

比例尺不同，得到的答案就会完全不同。因此在地理学的河流和大厦之间的距离是多少?

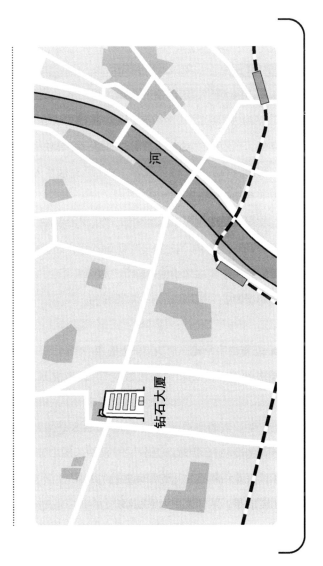

范畴内，最重要的是一开始就根据调查对象来确立一个合适的比例尺。

▲ 东京变热了，原因是什么？

某日，东京的气温高达38℃。这是一个单独区域的现象，其背景是大都市特有的城市热岛效应，并不会有很多人认为这是地球变暖造成的直接影响。

其实这也是比例尺不同的问题。我们在与观点不同的人议论时，很多时候由于双方的"比例尺"视角不同，而得出了不同的结论。这种比例尺，在经济学中就被称为"规模"。

选对参照的"规模"，是非常重要的。

▲ 规模变了，经济形势就会发生变化

经济学上有个词叫"规模效应"，其意义基本等同于"规模经济"。

我们先来看看制造业这一产业。以日本全国为规模单位，看看钢铁行业的情况。

钢铁行业一般都在大城市附近比较兴盛。无论是建设大型的商业设施，还是建造住宅楼，大城市对钢铁的需求要远远超过其他地区。

对于日本来说，东京无疑是钢铁需求最旺盛的区域。为了满足东京的钢铁供应，商人自然会选择在东京周边的城市建立工厂，以

规模变了，经济形势就会发生变化

○ **案例** 制造业的规模效应

日本规模

1.在需求旺盛的大城市郊外建立工厂
2.建在方便原料进口的沿岸地区

全球规模

1.在人力成本低廉的国家进行大量生产
2.只要符合条件，就可以实现"无关税"出口

此降低运输成本。所以，日本很多大型钢铁公司都建在东京附近的
川崎市和千叶市。

此外，日本的钢铁行业所需要的铁矿石和煤炭，基本都依赖进
口。所以，各大水系的沿岸地区既可以方便进口，又可以更容易地
获得炼钢需要的冷却用水。

也就是说，建立炼钢厂最合适的位置，就是大城市周边水系的
沿岸地区。

若把规模扩大到全球的话，制造业的情况又是如何呢？我们经
常会听说，某公司将工厂移往人力成本更为低廉的地区，比如各大
汽车制造商纷纷在西班牙、墨西哥和中国建立工厂。

而且，如果这个生产国还与特定的国家或地区结成了自由贸易
协定的话，还能再享受无关税的政策优惠。

像这个样子，只要调整我们眼中的比例尺，转换规模加以观察，
重点就会发生变化。选对观察的范围，才能看清经济发展态势。

03 资源

为什么人类会互相争夺?

> ▲ 理解什么叫"资源不均"

像我在导读中说的那样,人类的很多行为归根结底都是对土地和资源的争夺,而这是因为土地和资源本身都是有限的。因为有限,才有价值。

拿水资源来说,我们首先要考虑的就是可开发水资源的问题。可开发水资源,指的是一个国家内可供技术开发和经济开发的水资源总量。

在沙漠广阔的西亚以及降水稀少的北非诸国,还有那些国土面积狭小的国家,可开发水资源自然就少。

反之,因季风影响而降水充沛的越南、泰国、印度尼西亚、印度等东南亚、南亚国家以及那些国土面积辽阔的国家,自然就拥有更丰富的可开发水资源。

从全球范围来看,2014年可再生水资源排名前五名的国家分别是巴西、俄罗斯、加拿大、美国、中国,其总和就占据了全球可再生水资源的51%。而把排名前十的国家加在一起,更是占了全球

石油是从哪儿来的？

○ 石油主要埋藏在拥有褶皱构造的地层当中

褶皱前

褶皱后

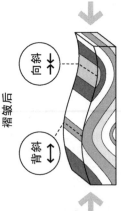

背斜 ←→

向斜 →←

受到来自左右两方或是单独某个方向的压力，从而被压缩形成波浪状弯曲

○ 褶皱构造的地层多分布在新造山带

环太平洋造山带　　　阿尔卑斯—喜马拉雅造山带

世界主要的油田，多分布在新造山带

A	北海油田	由英国、挪威等国开发
B	普洛耶什蒂油田	罗马尼亚油田，几近枯竭
C	巴库油田	位于里海西部，阿塞拜疆最大的油田
D	伏尔加—乌拉尔油区	乌拉尔山脉西部，俄罗斯第二大油田
E	秋明油区	乌拉尔山脉东部，俄罗斯最大的油田
F	哈西梅萨乌德油田	阿尔及利亚最大的油田
G	纳赛尔油田	利比亚最大的油田
H	哈科特港油区	尼日利亚最大的油田
I	玉门油田	中国西部的油田
J	胜利油田	中国黄河河口附近的油田
K	大庆油田	中国最大的油田
L	米纳斯油田	位于苏门答腊岛，是印度尼西亚国内最大的油田
M	越南油田	包括白虎、大熊等油田在内
N	普拉德霍湾油田	位于阿拉斯加，为北美最北部的油田
O	加利福尼亚油田	洛杉矶周边的油田
P	墨西哥湾油田	横跨美国德克萨斯、路易斯安那两州的油田
Q	墨西哥油田	包括坦皮科、波萨里卡、雷福玛、坎特拉油田等
R	委内瑞拉油田	包括马拉开波湖、奥里诺科油田等

2/3以上的可开发水资源。也就是说，连最基本的水，也并不是全球人手一份的资源。

石油也是储藏量差别巨大的资源。

石油主要储藏在拥有褶皱构造的地层当中。地壳的变动会造成地层受到来自左右两方或是单独某个方向的压力，从而被压缩形成波浪状弯曲，这就叫作褶皱作用。

拥有褶皱构造的地层并不广泛分布在全球各地，主要集中在新造山带（环太平洋造山带以及阿尔卑斯—喜马拉雅造山带）地区。

04 距离
驱动经济的四种"距离"

> ▲ 地理学中的"距离"指的是什么?

一看到"距离"这个词语,我们第一时间想到的肯定是从出发地到目的地这种"物理距离"。

但实际上在地理学中,这个词还有其他含义。

经济的本质,是人、物品、货币、服务的移动。而要理解这种"移动",我们不妨引入"距离"这个概念。除了常说的物理距离,还有时间距离、经济距离和感觉距离。

比如我们在日常对话中会说——

"今天你过来花了多久啊?"

"差不多半小时吧。"

这里的"差不多半小时"就是时间距离。

若要缩短这个距离,就需要提高移动速度。而正是为了提高速度,人们才发明了高铁和飞机。

移动的不仅是人和物品,信息也在移动。近年来由于信息技术的进步,人们无论在世界何处都能取得联系,信息的时间距离已经趋近于0了。

　　而移动过程中需要的费用就是"经济距离"。与三四十年前相比，现在我们生活中的经济距离也在一直缩短，去海外旅行对于很多人来说已经不再是梦想。

　　▲ 是花时间，还是花钱？

　　我们来考虑一个问题。现在你要出趟差，需要从东京到鹿儿岛。该怎么去？

　　从东京到鹿儿岛的最短距离大约950千米。如果要走最短距离的话，只能乘坐飞机。如果从陆路走，根据导航显示，最短也需要走1300千米。

　　乘坐飞机的话，跨越这接近1000千米的路程约要花费2小时（时间距离），经济距离则达到了43890日元 [1]。

　　而如果乘坐新干线 [2]，需跨越共1460千米的物理距离，约花费6小时30分钟（时间距离），经济距离则为28820日元 [3]。

　　究竟是选择"时间距离大，但经济距离小"的途径，还是选择"时间距离小，但经济距离大"的途径，这其实是我们日常生活中

....

[1]　按照日元兑人民币汇率约为0.06计算，约为人民币2635元。
[2]　日本从20世纪60年代开始运行的高速铁路列车，运行时速约为250~350公里。
[3]　按照日元兑人民币汇率约为0.06计算，约为人民币1730元。

花时间，还是花钱？

○ 案例 从东京到鹿儿岛

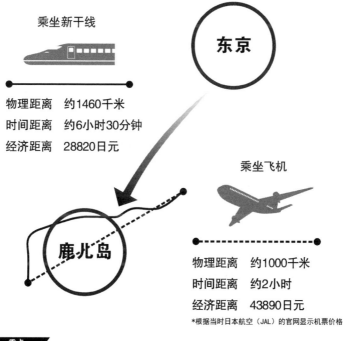

乘坐新干线

物理距离　约1460千米
时间距离　约6小时30分钟
经济距离　28820日元

东京

乘坐飞机

鹿儿岛

物理距离　约1000千米
时间距离　约2小时
经济距离　43890日元

*根据当时日本航空（JAL）的官网显示机票价格

重点

人、物品、货币、技术的移动，

涉及各种"距离"

经常面对的问题。

　　在贸易领域也是如此，石油、煤炭等单价低的产品就选择船运，电路板、半导体等单价高的产品就选择空运。

　　剩下的就是"感觉距离"了，这是一种人们通过感觉来表示的距离。

　　不同的人，对于同一件事物的感觉经常有很大的差别。

　　比如对于日本人来说，物理距离非常遥远的美国，感觉距离却相对比较小。这是因为从媒体上可以获得大量有关美国的详细信息，让人觉得美国是"熟悉的存在"。

　　综上所述，我们平时其实就是根据这四个距离的标准把握世界。

CATALOG.02

CATALOG.03 ○

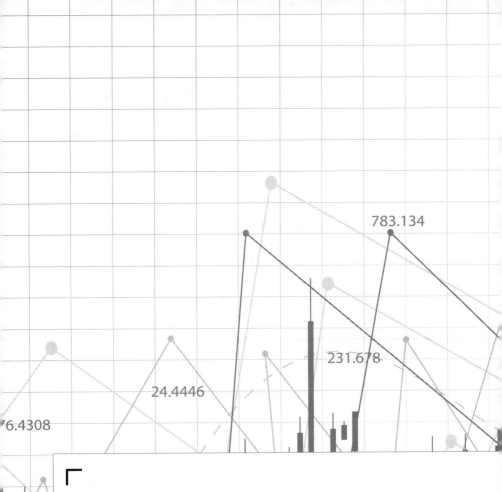

783.134

231.678

24.4446

6.4308

24

 第一章

地理位置：从"地利"的角度解读经济战略

UNDERSTANDING ECONOMICS
A GEOGRAPHICAL APPROACH

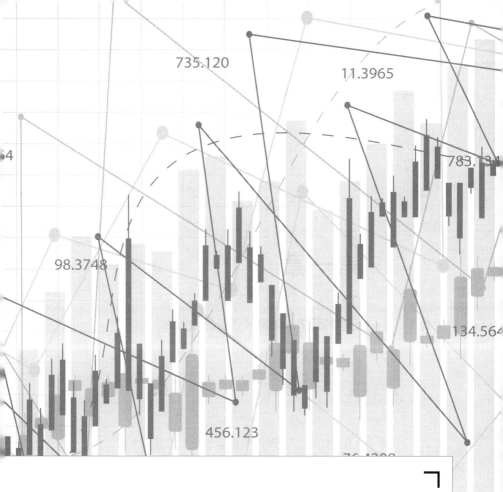

735.120

11.3965

98.3748

783.134

134.564

456.123

本章的主要出场国

日本、印度、俄罗斯、荷兰、英国、澳大利亚、西班牙、泰国、
墨西哥、中国、法国、美国、土耳其、格鲁吉亚、阿塞拜疆、
亚美尼亚

涉及原油、铁矿石、煤炭

第一章

01
日本的经济战略就是"资源输入国"

▲ 对于日本来说，最重要的国家（地区）是哪儿？

日本是个能源、矿产资源产量都非常低下的资源小国。

2013年日本官方调查数据显示，日本的能源自给率非常低，原油为0.3%，煤炭为0.7%，天然气为2.6%。

那么你知道日本所需的各项资源都是从哪里进口的吗？

把日本定位成一个"资源输入国"，就能看懂很多日本的经济战略。

▲ 原油：长期依赖中东，近年也开始从俄罗斯进口

近年来日本的原油进口国，按进口量由多至少依次为：沙特阿

拉伯、阿拉伯联合酋长国、俄罗斯、卡塔尔、科威特、伊朗、印度尼西亚、伊拉克、墨西哥、越南。

顺带提一句，在太平洋战争爆发前的1935年，日本最大的原油进口国是美国，占比达65.4%。

所以当时的美国想要控制日本是非常简单的，只要切断原油供应就可以了。

截至2015年，日本原曲对OPEC（石油输出国组织）的依赖度达到了84.9%，属于依赖程度非常高的国家。近年来日本一直在增大俄罗斯原油的进口比例，俄罗斯产原油已经占到了日本原油进口量的近10%。今后，俄罗斯作为日本重要的经济合作对象，相信会有越来越重要的意义。

▲ 煤炭：主要依赖澳大利亚进口

2015年，日本的煤炭进口国，按进口量由多至少依次为：澳大利亚、印度尼西亚、俄罗斯、加拿大、美国、中国。

特别是澳大利亚，其一国的进口量就占据了总进口量的65%，对于日本来说是不可或缺的重要资源进口国。澳大利亚东部有纵跨全境的大分水岭，其周边是包括莫拉本煤矿在内的诸多大煤矿。

近年来，日本从印度尼西亚进口的煤炭量也在逐年增加。1990年进口量只有93.5万吨，2018年已经达到了2902.9万吨。

▲ 天然气：内需逐年扩大，今后进口量也将越来越大

和原油一样，天然气一般也储藏在拥有褶皱构造的地层中。所以，原油产量大的国家，天然气产量也很大。

从全球的天然气出产量排行来看，分列前五位的是美国、俄罗斯、伊朗、卡塔尔、加拿大，这个结果大概很多人会感到惊讶。

日本在进口天然气时，采用的是进口液化天然气（LNG）的方式。与气态天然气相比，同等质量的液态天然气体积仅为1/600，便于大量运输，这也就节约了大笔的运输成本。

而日本的LNG进口国，以2015年为例，按进口量由多至少依次为：澳大利亚、马来西亚、卡塔尔、俄罗斯、印度尼西亚、阿拉伯联合酋长国、尼日利亚等。

2010年日本全年的LNG进口量约为7000万吨。受2011年东日本大地震的影响，核能发电被迫停止，火力发电比重极速上升，对火力发电燃料的需求也大大增加。到2014年，日本全年的LNG进口量已经达到了8851万吨，增加了约26%。尤其是从俄罗斯的进口量大增，从603万吨极速扩大到845万吨。

▲ 铁矿石：所有产业的基础资源，最大的矿产资源

从铁矿石中冶炼出的钢铁，被称为"产业食粮"，对于诸多产业来说都是最基础的资源。全球每年铁矿石出产量为所有的矿产资

源中最大的一类。

日本的铁矿石进口国，近几年来按进口量由多至少依次为：澳大利亚、巴西、南非共和国、加拿大、印度、俄罗斯、乌克兰，等。

> ▲ 谁才是日本真正的朋友?

我们可以从日本各类资源的进口国中瞧出一点端倪，东南亚和澳大利亚对于日本真的非常重要。日本的大量铁矿石、煤炭、天然气等，都是通过船运进口的。

运输成本占据了资源整体成本中很大的一部分，用飞机运输自然很不划算。

从澳大利亚开往日本的运输船，需要经过东南亚。从波斯湾装载原油运往日本的船舶，同样需要经过东南亚。所以对于日本来说，东南亚地区是非常重要的海上交通要道。如果日本和东南亚各国的关系恶化，船舶通行可能就会受到阻碍。

近年来日本在原油和天然气等方面，对俄罗斯的依赖在逐步加深。与此同时，两国的民间经济交流也在逐步扩大。2016年12月举办的日俄首脑会谈，双方就经济合作展开了对话。

日本是资源小国。

从哪里调配自己需要的资源，又以什么方式将这些资源运到本国，这些都属于从地理角度分析国家政策的"地政学"，是我们考虑问题时非常重要的一门学问。而要学好地政学，学好地理是关键。

日本的生命线

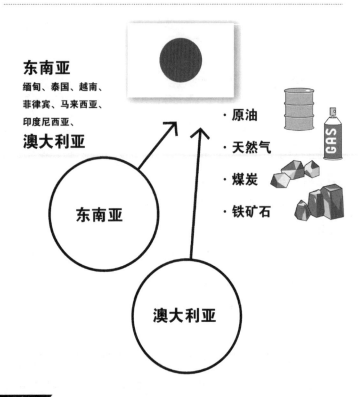

东南亚
缅甸、泰国、越南、
菲律宾、马来西亚、
印度尼西亚、
澳大利亚

·原油
·天然气
·煤炭
·铁矿石

东南亚

澳大利亚

重点

由于资源体积大、单价并不高，

采用船运方式更为经济。对于日本来说，

"从哪里调配资源"，是关乎国家生死的大事

02
"印度硅谷"的地利

▲ 时差、文化、教育的共同作用

如果你稍微留意下就会发现，近年来在日本的印度人在逐渐增加。

研究这些人的赴日理由你就会发现，除了排名第一的"家庭移民"，大多是"技术、国际业务移民"。可以说，到日本的印度人中，很大一部分是 IT 从业者。

▲ 印度 IT 产业的发展

历史上，印度曾经是英国的殖民地，因此英语是印度的半官方语言。印度的通用语言虽然定为印第安语，但只有不到一半的国民懂得印第安语，日常生活中英语的使用更加广泛。

此外，印度国土的中部有东经80度线通过，与西经100度的地区刚好时差12小时。而西经100度线，正好从以美国得克萨斯州为中心的高科技聚集地穿过。而附近的西经120度，则是以加利福尼亚州为中心的硅谷。

也就是说，印度与美国的时差为12小时左右。这就意味着，在美国研发出的软件，晚上传到印度，刚好能赶上印度的早上，完全不耽误研发进度。

此外还有一个很重要的原因，就是印度与美国都使用英语。虽然对于印度人来说，那段被英国殖民的历史是痛苦的回忆，但从现实来看，旧宗主国的语言确实成为现在印度产业发展的原动力。

▲ 不被种姓制度束缚的 IT 技术员

印度人中，约80% 信仰印度教。

而在印度教中，有一种叫种姓制度的身份制度。在种姓制度的约束下，人们有时候并不能从事自己想要从事的工作。

虽然印度宪法明确规定不能有种姓歧视，但种姓制度在民间根深蒂固，至今仍然对印度社会有很大的影响。

然而近年来随着印度产业的发展，出现了"IT 产业"这一在种姓制度规定之外的新兴产业。也就是说，就算是低种姓人群，只要拥有才能，加上自身的努力，就有了脱离贫困的可能。

所以在现在的印度大学中，有越来越多怀揣脱贫梦想、以学习IT 技术为目标的年轻人。

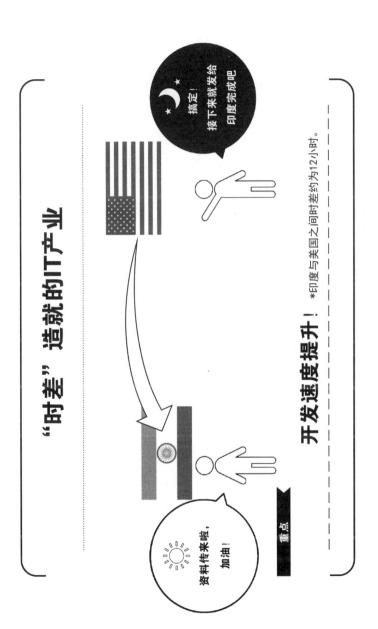

"时差"造就的IT产业

开发速度提升！

*印度与美国之间时差约为12小时。

▲ 超级难关！印度工科大学的入学考试

印度理工学院（IIT）是印度国家重点院校。2012年的资料显示，当年录取名额为9590人，而参加入学考试的人数高达50.6万人，考生人数是录取人数的近53倍。

而许多从印度理工学院毕业的学生，都能拿到高额工资，还有机会到海外的 IT 企业工作。很多印度学生都以到海外企业工作为梦想，我们在本节开头说到的，近年来很多印度人到日本工作，也是在这一背景下发生的。

03
看懂俄罗斯与欧洲的经济联系

▲ "俄罗斯—荷兰—欧洲" 的关系网

俄罗斯幅员辽阔，横跨欧亚大陆，国土面积约1710万平方千米，排名世界第一。俄罗斯最西端为加里宁格勒，属东经20度；最东端是面朝白令海峡的杰日尼奥夫角，约为西经170度。由于国土形状为东西走向，所以共有11个标准时间。

俄罗斯不仅东西距离长，南北也相隔遥远，从最南方到最北方的距离达4000千米。

那么，你知道俄罗斯的最大出口国是哪个国家吗？

是市场广阔的美国？还是近年来经济高速成长的中国？

答案是：荷兰。

荷兰人均国民总收入约为5.19万美元（2015年）。虽然人均购买力很强，但总人口只有1694万人，国内市场算不上很大。

这样的荷兰，究竟为什么会成为俄罗斯最大的出口国呢？

回答这个问题的关键在于，俄罗斯出产原油。

在苏联时代，由于经济闭锁，贸易的70%左右都在联邦内部完成。但随着冷战的结束，俄罗斯对欧洲的出口量开始逐年攀升，而出口的主力军就是原油和天然气。

▲ 流经欧洲的两条大河

国际河流指的是流经多个国家，根据条约规定流经国的船只都可通行的河流。

欧洲大陆各国间基本都有国土相连，其间流淌着莱茵河和多瑙河这两条国际河流。莱茵河流向北海，多瑙河流向黑海，两条河流的路径并不相同。

莱茵河有一条支流叫美因河，人们在美因河和多瑙河之间开挖了美因—多瑙人工运河，将二者连在了一起。

也就是说，将北海和黑海通过这条大动脉联系在了一起。

▲ 荷兰是欧洲市场的入口

多瑙河从德国的施瓦尔兹沃尔德起源，向东流淌，途径奥地利、斯洛文尼亚、匈牙利、塞尔维亚、罗马尼亚、保加利亚，最终流入黑海。

由于多瑙河下游流经罗马尼亚，所以在冷战时期，想与上游西岸诸国通航几乎是不可能的。

随着冷战的结束，多瑙河流域的船运开始繁荣了起来，美因—

多瑙运河也在1992年完工通航。

另一边，莱茵河的源头众多，诸多细小的水流共同汇集到瑞士、德国、奥地利之间的国境湖——博登湖，然后成为莱茵河的一部分，向西流淌。莱茵河在瑞士的巴塞尔附近的一段向北流淌，流经德法边境，再进入德国的鲁尔工业区，最后在荷兰汇入北海，其间还经过了全球闻名的小美人鱼雕像所在的巨石。

莱茵河入海口在荷兰的鹿特丹，鹿特丹港是欧洲最大的港口。

也就是说，鹿特丹港实际上是欧洲市场的入口。鹿特丹也是全球最大的先进石油化工工业聚集地，各类大型石化联合公司林立。

▲ 从荷兰辐射欧洲全境

为什么荷兰会成为俄罗斯最大的出口国？

因为荷兰是通往欧洲市场的供应入口。

运到鹿特丹港的原油，可以马上成为鹿特丹各家石油化工企业的原始燃料。此外，这些原油还能通过鹿特丹直接运往德国。

具体来说，就是俄罗斯将原油出口到荷兰，荷兰将其加工成各种石油制品，通过莱茵河运往德国。

说得再细一些就是，因为位于莱茵河支流马尔河上游的比利时和法国东北部地区是通过马斯—瓦尔运河[1]连接的，所以货物可以直接从荷兰运往比利时和法国。荷兰的出口对象国，前四位分别是：德国、比利时、英国、法国。

对于俄罗斯来说，欧盟是最大的出口对象国，而欧盟的入口就是荷兰。

对于荷兰来说，经济成长的关键因素之一，就是位于莱茵河出海口的这个黄金地理位置。

---

[1]　欧洲内陆运河，连接荷兰、比利时以及法国内陆地区。

04
英国加入欧盟将给亚洲及太平洋地区带来什么影响？

> ▲ 英国和澳大利亚，令人意外的共通点

1973年，英国宣布加入欧共体[1]。这不仅是欧洲经济一个重要的转折点，对遥远的亚太地区也产生了很大的影响。而其中的关键国家，就是澳大利亚。

澳大利亚（Australia）的名称来源于拉丁语中的"Terra australis"，原意为"未知的南方大陆"。从古希腊时期开始，人们开始相信地球是个球体，也相信在南半球有和北半球一样广阔的大陆。"未知的南方大陆"就这样长时间存在于假设之中，直到大航海时代才得以证实。

对于欧洲人来说，澳大利亚曾经是非常遥远的世界的另一边。

而大航海时代后，欧洲人终于知道了这片大陆的存在。1828年左右，澳大利亚成为英国殖民地，殖民者在澳大利亚进行了大规模的开发。当时澳大利亚主要作为英国的流放殖民地，从英国本土

---

[1]　全称欧洲共同体（European Communities，EC），欧盟的前身。

流放来很多囚犯。这些人从当地土著手中夺得土地，扩张自己的农牧场。

▲ 澳大利亚的经济发展，及与英国的分道扬镳

我们来观察一下澳大利亚经济发展之路。

在冷冻船还没有发明出来的年代，由于保质期相对其他肉类更长，羊肉一度非常宝贵。亚瑟·菲利普[1]当年带来的44头绵羊（美利奴羊），现在已经达到了几千万头，澳大利亚也成为世界上最大的牧羊区域。

至2013年，澳大利亚的羊毛生产量仅次于中国，排名世界第二，出口量更是排名世界第一。

1851年，人们在澳大利亚的维多利亚州发现了金矿。金矿带来了众多就业机会，也引来了大量移民。

由于担心新来的移民会威胁到自身（英裔白人）的财富和工作机会，澳大利亚爆发了针对新移民的排斥运动。之后，这类排除非白人移民的政策（"白澳政策"）更是成为澳大利亚的国策。从1901年移民限令法案开始，到1975年澳大利亚颁布《反种族歧视法》，这一政策一直延续了70多年。

....

[1]　亚瑟·菲利普（Arthur Phillip，1738年10月11日—1814年8月31日），英国海军上将。第一批来到澳大利亚的英国统治者，正是他在悉尼建立了殖民地，还曾任南威尔士州第一任州长。

　　而第二次世界大战之后，澳大利亚宣布接受英国和爱尔兰移民。但当时整个欧洲都陷在"二战"的战火之中，根本无暇处理移民事宜。

　　到了1973年，英国宣布加入欧共体，而当时澳大利亚的最大外贸进出口对象正是英国。

　　英国加入欧共体的举动，实际上表示了当时的英国政府想要将贸易重心转向欧洲的意图。觉察到这点的澳大利亚，开始重视起自己与近邻亚太诸国的关系。1973—1975年，"白澳政策"相关的诸条法律陆续被废除，澳大利亚政府开始积极探索与周边亚太国家的合作。澳大利亚的多文化主义时代正式开始了。

　　1989年，根据时任澳大利亚总理的霍克的提议，澳大利亚、日本、新西兰、美国、加拿大、韩国、东盟6国（当时为菲律宾、泰国、新加坡、马来西亚、印度尼西亚、文莱）等12个国家一起组成了 APEC[1]。

　　澳大利亚和英国从此"分道扬镳"，走上了不同的发展之路，这与它们的地理位置其实是息息相关的。

---

[1]　　APEC（Asia-Pacific Economic Cooperation），亚洲太平洋经济合作组织，简称亚太经合组织。

英国与澳大利亚令人意外的关系

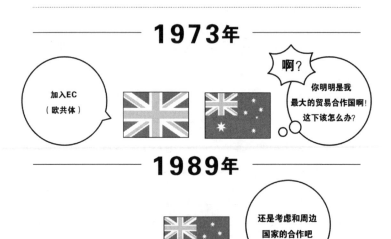

APEC

在澳大利亚的提议下，

APEC（亚太经合组织）诞生了！

05
促进经济发展的关键竟然是房租？西班牙，拥有地利之便的发达国家

▲ 欧盟（EU）的历史和发展之路

我们经常使用的一个名词叫"发达国家"，其实这个词一般指的是发达的"工业"国家，所以我们在这里直接用"发达工业国家"这个词进行阐述。

发达工业国家的一个特点就是机械类（包括一般机械和电子机械）和汽车类产品的生产很发达。这些产品不仅供应本国消费，而且会出口到世界市场，为其出口产品中重要的品类之一。其他出口品还包括精密仪器、石油制品、飞机等。

西班牙最大的出口品类是汽车。在所有的发达国家中，只有西班牙的出口品类第一位是汽车。

西班牙在第二次世界大战之后，采取了进口替代型工业化政策。

进口替代型工业化政策，指的是将进口的工业制品国产化，以此来推进本国的工业现代化以及经济发展的政策。

而其目的就在于培养本国产业。

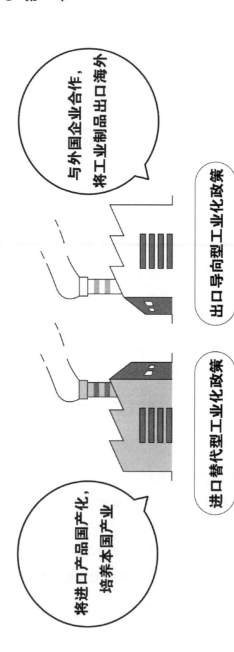

但是国民购买力总是有限的，国内市场容量也有限，很快就会达到饱和状态。为了扩大市场，就需要将进口替代型工业化政策转变成出口导向型工业化政策，即吸引外国企业来本国投资和生产，然后将制造出来的产品再出口给其他国家。

▲ 建立在廉价劳动力基础上的经济发展

西班牙在20世纪70年代中期，开始转向出口导向型工业化政策。

到了1986年，西班牙与葡萄牙一起加入欧共体，开始成为欧洲数一数二的汽车出口大国。

说到汽油驱动的汽车，最早期的公司中就有德国的奔驰和戴姆勒。汽车产业也是德国、法国等欧洲国家的传统优势产业。

和德、法相比，当时西班牙的优势是：拥有全欧洲最低廉的工资水平。

下图所示是1991—2015年欧盟主要四国的人均工资水平。可以说一直到现在，西班牙的工资水准都较低。

德国和法国的各家汽车公司都开始在西班牙设立自己的生产点，利用西班牙的低价劳动力赚取更高的利润。

而结果是，西班牙本国的零配件制造业因此积累了丰富的经验，加上外资零配件品牌的技术支持，国内零配件制造企业的竞争

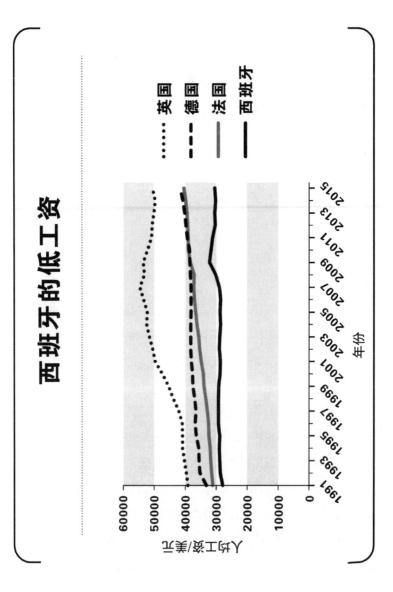

西班牙的低工资

力得到了快速的提高。

欧盟是巨大的市场，而且人员、物品、货币、服务在欧盟成员国之间都可以自由流通，无须需缴纳任何关税。

在这样的背景之下，西班牙的汽车产业飞速发展了起来。

▲ 东欧各国加盟带来的新情况

根据1992年颁布的《欧洲联盟条约》(《马斯特里赫特条约》)，欧共体从1993年正式改组为欧盟。

1995年，奥地利、瑞典、芬兰加入；2004年，以东欧为中心的10个国家加入；2007年，罗马尼亚和保加利亚加入；2013年，克罗地亚加入……欧盟成了28个国家的大联盟。[1]

随着东欧各国加入欧盟，原本西班牙所拥有的低工资水准优势消失了，各大汽车企业纷纷将视线投向劳动力成本更低廉的东欧各国。

西班牙曾经的优势，变成了现在东欧各国的优势。

从下图中可以清晰地看出，包括波兰、捷克、斯洛文尼亚、罗马尼亚、匈牙利在内的东欧诸国，以加入欧盟为分界点，都迎来了汽车生产的大幅增长。

这种变化自然给西班牙带来了危机，实际上以2004年为分界

[1] 英国于2016年6月23日举行全民公投，公投结果虽为脱离欧盟，但之后的各项程序以及与欧盟方面的谈判费时长久，现无法确定脱欧的具体时间。

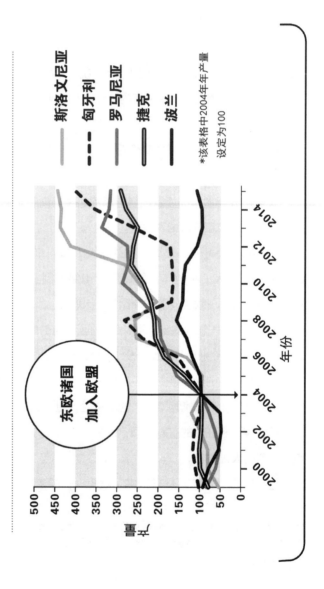

东欧五国汽车生产数字变化

点，西班牙的汽车生产数量开始下降。

▲ 西班牙的战略调整

现如今，西班牙的汽车生产虽然不复20世纪90年代的荣光，但依旧占据欧洲第二的位置，仅次于德国。

2015年，西班牙全国共制造汽车约273.3万辆，其中出口量约为227.3万辆，占总产量的83.2%。可以说在欧盟扩大后，西班牙还是保持了自己作为欧洲汽车生产重镇的地位。

与东欧诸国以大众化乘用车为生产重点不同，西班牙将自己的生产重心定为非量产型高品质小型汽车以及小型货车。

此外，西班牙还一直努力加强研发实力，想从单纯的汽车生产重镇变成汽车研发基地。

06
印度、泰国、墨西哥，探寻全球最强的汽车生产体制

▲ 究竟如何利用地利，各国有不同的方法

作为一种非常方便的运输工具，我们要如何才能获得一辆汽车呢？这个问题其实很重要，因为有了汽车，人们的活动范围才能得到飞跃式扩展。

如果本国有自己的汽车企业，那么大家就可以很方便地买到国产车。如果没有的话，人们就不得不购买进口汽车，或者换种方式，吸引国外的汽车企业到本国来生产。

而说到世界上汽车制造大国，有三个国家占据了很重要的地位，它们分别是印度、泰国、墨西哥。

接下来我们来分别看看这几个国家的汽车制造业体制。

印度曾是英国殖民地，殖民时代利用国内的自然资源建立了发达的纺织业，又在塔塔财团 [1] 的主导下发展了本国的钢铁产业。

---

[1] 塔塔财团：当今印度第一大财团，也是印度历史最久、实力最强的垄断财团。财团业务涉及钢铁、化工、电力、通信、食品、酒店等各个方面。

独立后，印度开始利用丰富的资源和国内市场，推行进口替代型工业化政策。印度政府当时的口号是"从拖鞋到卫星"，将国民生活方方面面所需的东西全都国产化。

当时在塔塔财团等大财团的带领下，印度的汽车产业开始了发展。然而进入20世纪80年代后，经济自由化盛行，日本的铃木汽车（Suzuki）和本田汽车（Honda）等开始进入印度市场。

铃木进入印度后，和印度国营品牌 Maruti Udyog 合作，推出 Maruti Suzuki India 品牌，开始了汽车生产。而本田则建立了 Hero Cycle 和 Hero Honda Motors 两家公司，从摩托车入手，进军印度市场。

如今，铃木和本田这两个日本品牌依旧在印度市场占有很大的份额，Maruti Suzuki India 更是占有印度国内汽车市场的最大份额。

▲ 吸引外国企业的同时，不忘国内需求

进口替代型工业化政策必然有其天花板。从1991年开始，印度导入市场经济体制，转向施行开放型经济模式。2000年后，印度开始陆续引进海外企业。

2002年，印度政府先后颁布《撤销关于外国企业投资的最低金额限制规定》《100%外资参与解禁》等规定，大幅缓和了外资企业进入印度市场的困难。其中100%外资的韩国现代公司，在这项政策颁布之后大幅拓展了自己在印度的市场份额，现市场占有率仅

次于 Maruti Suzuki India，比印度本土品牌塔塔汽车、马恒达汽车等的市场占有率都高。

实际上，印度的主要交通手段还是两轮摩托车，人们对四轮汽车的需求还在不断地攀升中。2005年，印度每100.9人才拥有一辆汽车；而到了2014年，每46.3人就拥有一辆汽车。可见，拥有汽车的国民在不断增多。

一般情况下，一个国家要达到汽车的普及，国民人均GDP应该在2500～3000美元。而2015年印度的人均GDP仅约为1606美元，也就是说印度全境要实现汽车普及还有很长一段路要走。

但汽车在印度国内的销售市场还是很广大的，富裕阶层自不必说，中等收入阶层也有足够的购买欲望。2015年的统计结果表明，印度的中等收入阶层[1]约占人口的25.5%。虽然比例不高，但由于印度庞大的总人口基数，中等收入阶层算下来也有约3.3亿人，这个人数已经约等于美国全国人口总和了。也是基于这个背景，印度才会采取以国内市场为中心的汽车生产体制。

▲ 泰国，东南亚的生产据点

与印度不同，泰国一开始就没有重点发展国产汽车的构想，一

[1] 印度中产阶级标准不一，此处引用印度"国家应用经济研究理事会"的数据，凡年均税后收入在3.375万卢比到15万卢比（约合700-3000美元）的家庭，均可算中产阶级家庭，译者注。

直都致力于引进海外汽车品牌，其中最受欢迎的还要数日系汽车品牌。早在1957年，日本丰田就在曼谷建立了泰国第一个汽车销售点。

泰国政府给了外资汽车企业许多政策上的优惠。比如"只要进口零件，而在泰国国内完成组装"，就能比直接进口整车便宜一半关税。通过这些大力度的优惠政策，泰国积极鼓励各大海外品牌在本土建厂。

但即使如此，到20世纪60年代末，泰国的整车进口还是在逐年增加，国家陷入了严重的贸易赤字。

这种情况下，泰国政府又推出了"零部件国产化"的新政策。

与很多行业不同，汽车行业的大企业一般都规模很大，母公司下拥有众多子公司，构成金字塔结构。泰国正是通过将零部件生产国产化，接过了劳动力最密集的汽车生产链条的下游部分，从而助力了本国整体汽车行业的成长。

1985年，《广场协定》[1]签署，美元持续下跌，各主要国家的出口量也开始收缩。在此情况下，泰国国内的汽车生产开始加速。1989年，泰国超越印度尼西亚，成为东南亚最大的汽车生产国，并作为东南亚汽车生产的据点，积极向东盟各国出口汽车。

根据2015年的统计数据，泰国人均GDP约为5840美元。人均GDP虽然比印度高不少，但泰国全国人口只有不到7000万人，算

....

[1]《广场协议》（*Plaza Accord*）是20世纪80年代初期美国为缓解国内财政赤字压力、改变对外贸易逆差而签订的协议。通过此协议，美元大幅贬值，美国出口竞争力提高，收支不平衡状况得以改善。

不上多大的市场。

泰国之所以不能采取和印度一样的政策，这也是其中一个很重要的原因。

在这种政策背景下，泰国的汽车产业先后经历了1997年亚洲金融危机、2008年世界金融危机、2011年洪水灾害，到2016年还保有年约194万辆的生产规模。

值得一提的是，泰国在2011年11月的大洪水期间，日系汽车工厂并没有选择转移到泰国周边国家进行代工生产，而是采取了不裁员、等待恢复的策略。这也可以从侧面证明，泰国作为生产基地对于日系汽车企业的重要性。

▲ 墨西哥，美洲特色汽车生产

墨西哥的汽车产业，自1980年起步以来，一直的定位都是"面向美国的汽车生产基地"。

1994年后，《北美自由贸易协定》[1] 生效，日本和美国的汽车企业开始加速进入墨西哥，带来了生产数量的快速增长。

2013年，墨西哥全国共生产汽车约340万辆，其中约276万辆都用于出口，占总生产量的79.3%。

......

[1] 《北美自由贸易协定》（North American Free Trade Agreement，简称NAFTA）是美国、加拿大与墨西哥签署的关于三国间全面贸易的协议。该协议于1992年签署，1994年1月1日正式生效。

为什么海外的汽车企业都愿意到墨西哥投资生产呢？原因一共有三个。

首先，与日本、美国、德国等汽车制造大国相比，墨西哥的人力成本低廉很多。墨西哥约有1.22亿人口（2015年），低价而丰富的劳动力资源为建立生产基地提供了重要的保证。而且近25年来，墨西哥的人力成本几乎没有上涨。这是因为墨西哥不像美国等发达国家一样拥有强大的劳动者组织，工人无力针对薪资进行抗争。

其次，墨西哥与美国接壤，拥有天然的地利。与加拿大不同，墨西哥位于南北美洲中部，不仅与美国交通方便，而且能很方便地与南美洲诸多国家往来。

墨西哥一边毗邻太平洋，另一边靠近大西洋，其独特的地理位置占据天然的优势。墨西哥靠近太平洋一侧的萨罗卡德纳斯港和靠近大西洋一侧的贝拉库斯港，都是著名的汽车出口基地。

第三，墨西哥与超过45个国家（含欧盟在内）缔结了自由贸易协定（FTA）。

1982年债务危机后，墨西哥开放了国内市场，现在墨西哥可以与世界上任何一个汽车市场进行交易。

拿日本的汽车企业来说，在日本制造的汽车出口到美国是需要缴纳关税的，但是在墨西哥制造的汽车出口到美国就不需要缴纳任何关税了。这是墨西哥汽车出口得以兴盛的重要原因。

但是只有出口保证是不够的，还需要足够的社会资源来支撑今后的生产量。而且随着中国、印度、巴西等国家汽车行业的兴起，墨西哥在亚洲及南美洲的市场优势开始受到挑战。只依靠美国市场的话，迟早会碰到天花板。

在这种情况下，墨西哥政府的解决方案是扩大国内市场。墨西哥人口众多，只要扩大国内汽车的购买力，就有可能将单纯的出口大国转变成充满魅力的内需市场。此外，进一步进入高级汽车的制造领域，也是墨西哥汽车行业发展的一个重要方向。

印度、泰国、墨西哥的汽车生产体制

与外国企业合作，
利用本国人口的优势，
开拓本国市场

印度

泰国

依靠政策优惠
吸引海外企业入驻，
建立东南亚地区的
汽车生产据点

以美国市场为主，
建立汽车生产基地

墨西哥

重点

各个国家活用各自特有的地理特性，
采取不同的生产体制

07
经济大国的关键词

> ▲ 三个采取与众不同战略的国家

对发达国家的出口构成进行统计的话，就会发现一个共同的特征：第一名机械类，第二名汽车。

根据2014年对30个国家／地区的出口统计，其中符合这一特征的国家共有12个，按照总贸易额排序分别是：美国、德国、日本、英国、韩国、意大利、墨西哥、泰国、波兰、土耳其、奥地利、捷克。其中墨西哥和泰国的出口中有很大比重是日系和美系品牌在当地生产的汽车。

不符合这一特征的又有哪些国家和地区呢？这里我们只选取其中三个国家——中国、法国、印度，来为大家分析下它们的经济发展战略。

> ▲ 中国的强项在纺织类（棉花）

中国的出口品类中，第一大类是机械类，其次则是纺织类。而这里的纺织品和意大利出口的各种品牌服装（意大利出口商品的第四名是纺织品）不同，是相对低价的纺织品。

纺织品属于典型的劳动密集型产业，生产过程中需要大量劳动力投入，所以要发展纺织品行业就需要有廉价劳动力的支撑。

对于中国来说，发展纺织业还有一个优势，就是中国是世界上最大的棉花生产国，可以从国内调配大量原材料。

有人！有原料！

这就是中国成为全球最大的棉织品生产大国的背景。

不仅如此，作为世界上最大的纺织品生产地，单靠国内生产的棉花还不够，中国还是世界上最大的棉花进口国。2014年，全球棉花进口量中，约有55%都是中国的需求。

大家可以看看自己身上现在穿的衣服，后面领标处有"made in China"或者"made in PRC"的字样吗？PRC指的是People's Republic of China，也就是"中华人民共和国"。

▲ 法国会成为贸易逆差国的理由

世界上有两家生产大型喷气式飞机的公司——波音和空客，而一开始占据绝对优势的只有美国波音公司一家。

1970年，法国和联邦德国共同出资建立了空客公司，后来英国和西班牙也加入了进来。空客公司总部位于法国南部的图卢兹。

法国虽然拥有全球知名的汽车公司雷诺，然而从出口额来看，还是飞机占据更大比例（出口的第三位才是汽车）。

而这样的法国，实际上是一个贸易逆差国。而且这个赤字的大部分，都是在欧盟境内产生的。

飞机这种产品的生产过程非常复杂，要靠上百万个零部件组装而成。为了保证安全，还需要精密的技术支撑，自然也需要高额的资金投入来进行技术研发。所以飞机制造，要收回前期的投资成本，其实需要比较长的时间。

这就给经营造成了极大的风险，单靠一家企业往往无法负担，所以飞机开发和制造一般都是多个企业一起完成的。

空客公司也是一样，在欧盟境内的各个国家分别制造各种零部件，最后集中到法国进行组装。这就导致法国需要不断从欧盟各国进口大量零配件，而即使飞机出售有利润，也抵不过其生产过程中产生的贸易赤字。

▲ 印度是石油和钻石之国

印度属于近年来汽车普及化成绩非常显著的国家之一，其社会背景就是中等收入阶层的崛起所带来的对汽车需求量的增加。

2014年9月，印度总理莫迪宣布到2022年为止，要将制造业在GDP中的比重提高到25%（截至2013年这个比重约为15%），要大力发展"made in India"。这一政策的推出可以说给印度国内的制造业带来了极大的动力。

因此，印度对原油的需求大大增加，原油成了印度进口产品中最多的一类。印度的原油依赖度约为85%（2015年），国内也建设了多个原油的储备设施。

由于印度距离中东各原油产国较近，所以不仅原油的进口量逐年增长，以原油为原料的各类石油精制品的制造也成了印度出口产品中的大类。

可能大家不是很清楚，印度其实还是一个著名的"钻石之国"。

人类第一次发现钻石，就是在印度的河流中，当时这种质地坚硬的石头被人们称为"印度石"。钻石的原石其实只是质地坚硬，并没有任何光彩。自从比利时人发明了钻石切割和打磨的技术之后，钻石才拥有了作为宝石的价值。

到了罗马帝国时代，钻石因为体积小、便于携带、价值高昂，得到了作为流浪民族的犹太人的青睐。

钻石的流通也要归功于犹太人。我们熟知的，在钻石开采、加工和流通方面都有悠久历史的戴比尔斯（DE BEERS）公司，就是由犹太人创办的。而且现在以色列的出口产品中，第一类也是钻石（29.8%，2014年）。

而印度现在的钻石产量虽然远不如从前，但依然是世界上最重要的钻石研磨、流通、销售集散地之一，其出口产品的第二类就是钻石。

"第一名机械类，第二名汽车"意味着什么？

⚪ 发达国家（工业发达国家）的产业构造

重点

进口资源，

再出口有高附加价值的机械类和汽车类产品

"第一名机械类，第二名汽车"的国家/地区有：

（选取2014年全球贸易额最高的30个国家和地区进行比较，国名/地区名前的数字编码就是其全球贸易中的排名）

2.美国；3.德国；4.日本；6.英国；7.韩国；10.意大利；13.墨西哥；23.泰国；25.波兰；27.土耳其；29.奥地利；30.捷克

不符合"第一名机械类，第二名汽车"的国家/地区有：

（选取2014年全球贸易额最高的30个国家和地区进行比较，国名/地区名前的数字编码就是其全球贸易中的排名）

1.中国（第一名机械类，第二名纺织品）；5.法国（第一名机械类，第二名飞机）；8.荷兰（第一名机械类，第二名石油制品）；9.中国香港（第一名机械类，第二名非货币用黄金）；11.加拿大（第一名原油，第二名汽车）；12.比利时（第一名医药品，第二名机械类）；14.俄罗斯（第一名原油，第二名石油制品）；15.印度（第一名石油制品，第二名钻石）；16.新加坡（第一名医机械类，第二名石油制品）；17.西班牙（第一名汽车，第二名机械类）；18.阿拉伯联合酋长国（第一名原油，第二名非货币用黄金）；19.中国台湾（第一名电器制品，第二名核反应堆和锅炉）；20.沙特阿拉伯（第一名原油，第二名石油制品）；21.澳大利亚（第一名铁矿石，第二名煤炭）；22.巴西（第一名铁矿石，第二名大豆）；24.马来西亚（第一名机械类，第二名液化天然气）；26.瑞士（第一名医药品，第二名机械类）；28.印度尼西亚（第一名煤炭，第二名机械类）

08
北半球的重要据点，安克雷奇机场的地理优势

▲ 冷战与货物运输的变迁

等距方位投影法指的是，任意点到中心点的距离与方位都与实际情况相同的地图绘制方法。

地球的赤道周长约40075千米，子午线整周长约40008千米，整体是一个南北方向略扁的椭圆形。

虽然不是特别规整，但地球基本可以算作一个球体，横断面也基本成正圆形。从任何角度切割，只要这个横断面的周长为4万千米，我们就先称其为"大圆"；而周长未满4万千米的，我们称其为"小圆"。

以此为前提，让我们一起来看看下图。同样是 AB 两点，在大圆上的距离反而比在小圆上近。

用两种不同的方法来观察地球

⭕ **平面观察**

> **等距方位投影法**

⭕ **立体观察**

> **大圆和小圆**

以任何一条经线或赤道为周长的大圆；以赤道之外的任何一条纬线为周长的小圆

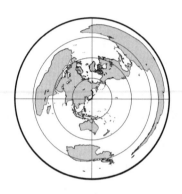

大圆上的
AB间距离   北极点   小圆上的
AB间距离

A   B

*地球并不是一个完全的球体，南北方向略扁

南极点

▲ 冷战时代，作为中转地而繁荣的安克雷奇机场

1983年9月1日，发生了大韩航空客机被击落的事件。闯入苏联领空的大韩航空客机，被苏联国防军的战斗机击落。

当时正处冷战，西方各国的飞机要经过东方各国领空有诸多限制。

从东京飞往纽约的飞机，最短距离其实是穿越苏联领空，从北极上方通过。但在冷战时期，这几乎是不可能的事情。因此从东京出发的航班只能取道东南亚和中东各国，从南边通过欧洲上空，最终到达纽约，航程长达20小时。

其实还有另一条航路。

从北边迂回。

参考前面的等距方位投影图可以看出，从东京出发，到达阿拉斯加，再穿越北冰洋上空，取道欧洲，到达纽约。但这条航路的问题是，当时的主流客机机型都无法一次性飞完这条航线。

选择这条航路的飞机，都会在阿拉斯加的安克雷奇机场中转加油，然后再飞往欧洲。当时的安克雷奇机场，就经常有日本旅客转机停留。

转机的旅客在等待飞机加油的时间会选择在机场吃饭和购物，所以当时安克雷奇机场里有专门面向日本旅客的乌冬面、寿司等食品。

就这样，冷战期间的安克雷奇机场作为连接东西方的中转机场，发挥了重要的作用。

▲ 冷战结束后，航班减少了

20世纪70年代，日本和苏联之间的交往日渐频繁，越来越多的航班放弃中转安克雷奇机场，选择从苏联领空飞往欧洲的航路，也就是西伯利亚航路。

此外，航程更长的波音747飞机也被发明出来了，可以不用停靠安克雷奇机场加油，实现了从东京直航纽约。

进入80年代后，飞机的性能进一步提升，需要停靠安克雷奇机场的航班也就越来越少了。

1989年，美苏两国首脑在马耳他举行会晤，正式宣布冷战结束，苏联也放宽了对西伯利亚航路的利用限制。苏联解体后，俄罗斯也继续了这项政策，各国飞机都可以经由西伯利亚航路往来。也正因如此，日本航空公司（JAL）正式废止了经由安克雷奇机场的向北迂回的航线。

▲ 北半球的所有城市，短时间到达

这里向大家提个问题，怎样才能在短时间内到达北半球的任何一座城市？

答案是：北极点。大家看看前文的等距方位投影图，就能很清楚地看出这一点了。我们平时翻看的世界地图，都是用墨卡托投影法绘制的。这种方法绘制出的地图，比较不容易看清各个地方间的实际距离。

相比之下，使用等距方位投影法，则可以根据不同的需求绘制自己需要的地图。

安克雷奇机场所在的城市安克雷奇，距离北极点非常近。说得不严谨一些，从安克雷奇机场可以短时间内到达北半球任何一座城市。

因此，冷战后的安克雷奇机场就从民航客机的转机点，变成了24小时的货运飞机起降基地。其中还有一个原因就是，安克雷奇城市辽阔，具备货运机场需要的廉价土地。

这就是大自然赋予安克雷奇的"平台"。

因为可以短时间到达目的地，所以需要搭载的油量就少，可以留出更多空间运载货物。

对于运输来说，这就意味着成本的下降。而且随着近年来全球产业结构的变化，"小型、轻量的高附加值制品"和"鱼类、肉类等需要保鲜的产品"的运输量逐年扩大，利用飞机进行货运的需求也在连年上升。

现在的安克雷奇机场，作为货运中转机场依旧发挥着非常重要的作用。

09
运输里海石油的管道系统中隐藏的"陷阱"

▲ 地利产生的副产品

在俄罗斯和土耳其之间有一个国家叫格鲁吉亚（Georgia）。

格鲁吉亚位于高加索山脉南麓，首都为第比利斯。邻国阿塞拜疆首都巴库的输油管道，经过第比利斯，一直通往土耳其的杰伊汉，总长达1789千米。

输油管道，是专门用来运送石油的钢制管道。管道一般从油田开始，连接炼油厂、装货港和消费地。

输油管道虽说前期铺设需要大量成本投入，但是运作起来之后就可以实现低成本的长距离、大容量运输。

但输油管道也有其缺点。其一就是输出地和输入地是固定的，如果要到一个新的目的地，就只能重新铺设新的管道。而且长达几百千米的输油管道管理起来也很困难，还容易成为恐怖分子的攻击目标。

其实从阿塞拜疆的巴库到土耳其的杰伊汉，走直线的话根本不需要经过格鲁吉亚。

那么人们为什么偏偏舍近求远，一定要让输油管道绕路格鲁吉亚呢？

▲ 将里海的原油和天然气运往欧洲

里海周边地区有丰富的原油和天然气储藏，但里海本身是内陆湖，距离沿岸的装货港很遥远，要将原油从里海运往欧洲并不是一件容易的事情。因此，1991年苏联解体后，人们就开始摸索在里海周围建设新的输油管道。

1992年，土耳其发出提案，同意建设从本国通过的输油管道。从前文可以看出，输油管道从巴库出发后，可以从格鲁吉亚、亚美尼亚、伊朗中选择一条路线。然而当时的伊朗还处于被西欧各国和美国的经济制裁当中，实际上并不可能建设一条从伊朗通过的输油管道。

其实，选项只有一个：格鲁吉亚。

因为除了被制裁的伊朗，土耳其和亚美尼亚的关系也很紧张。土耳其在奥斯曼帝国时期，曾大量屠杀境内的亚美尼亚人。亚美尼亚政府主张这是奥斯曼帝国有计划的大屠杀，而土耳其一直予以否认，所以两国关系一直以来就相当紧张。

▲ 复杂的宗教对立

不仅如此，阿塞拜疆和亚美尼亚之间存在宗教对立，国家关系也远称不上友好。

阿塞拜疆国民多为伊斯兰教徒，而亚美尼亚国民多为基督教徒。而且两国对阿塞拜疆境内的纳戈尔诺卡拉巴赫地区的归属问题一直争论不休，两国关系长期处于紧张状态。

纳戈尔诺－卡拉巴赫地区在苏联时代就是阿塞拜疆的领土，但一直作为亚美尼亚民族自治州存在。20世纪80年代后期开始，亚美尼亚人开始要求将纳戈尔诺－卡拉巴赫地区并入亚美尼亚。而阿塞拜疆政府极力阻止这一行为，双方为此多次爆发武装冲突。

而这一时期戈尔巴乔夫关于"不认可纳戈尔诺－卡拉巴赫地区并入亚美尼亚"的声明，更是进一步激化了亚美尼亚人的态度。而当时世界各地兴起的民族独立运动，也在苏联境内造成了不小的影响。

1988年亚美尼亚发生地震，超过2万名亚美尼亚人死亡，受灾人数超过40万人。即便在这种情况下，亚美尼亚还是将阿塞拜疆提供的救援物资几乎全部丢弃。

两国关系越来越紧张。

▲ 格鲁吉亚坐收地利

在这种背景之下，从巴库到杰伊汉的输油管道，就只能选道格鲁吉亚了。虽说从格鲁吉亚绕行会花费很多原本不必要的成本，但从政治上来看，这是一个最好的选择。

就这样，格鲁吉亚获得了一种获得外汇的新办法——征收原油过路费。

只有成本降到最低，才能获得最大的利润。德国地理学者阿尔弗雷德·韦伯在其著作《工业区位论》中就说过，"将运输费控制在最小范围之内，是非常重要的"。

这条输油管道的设置，是在特定的政治情势驱使下一步步完成的。

2003年，输油管道建设正式开始；2005年，全线建成。输油管道取巴库（Baku）、第比利斯（Tbilisi）、杰伊汉（Ceyhan）三地的英文首字母，被命名为BTC输油管道。管道总长1768千米，每日可运送石油120万桶（每桶约合159升）。而杰伊汉从2006年6月4日运出第一船原油开始，截至2013年年末，共运出了2.33亿吨原油。

但这并不意味着所有问题都解决了。格鲁吉亚境内还存在阿布哈兹和南奥塞梯的分裂独立问题，土耳其国内也依然存在库尔德的独立问题。要维护这条BTC输油管道的安全，并不如我们想象的那样简单。

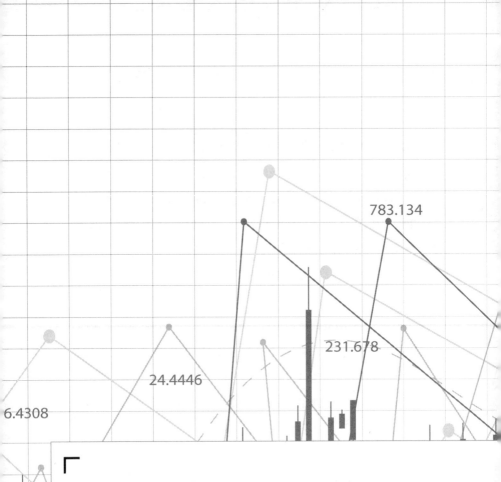

783.134

231.678

24.4446

6.4308

 第二章

资源：资源大国才有发言权

UNDERSTANDING ECONOMICS
A GEOGRAPHICAL APPROACH

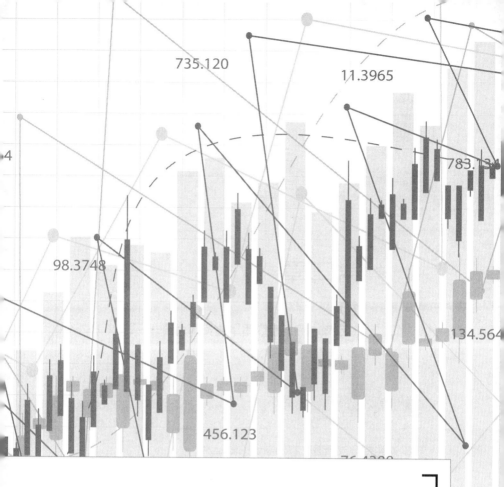

735.120

11.3965

783.13△

△

98.3748

134.564

456.123

76.4200

本章的主要出场国

日本、沙特阿拉伯、中国、澳大利亚、巴西、南非共和国、俄罗斯、挪威、博茨瓦纳

中国　拥有广阔的国土和多样的矿产资源，是资源丰富的大国
澳大利亚　拥有丰富的铁矿石、煤炭和天然气等资源，是资源丰富的大国
巴西　拥有铁矿石、铝矾土和水等资源，是资源丰富的大国

第二章

10
"自来水可直接饮用"的资源大国——日本

▲ 21世纪是"水的世纪"

人类要形成群落，首先需要的就是水。

地球上约有14亿立方千米的水，其中97.5％为海水，剩余的2.5％为陆地水，还有极少量的水蒸气。

这2.5％的陆地水中，地下水占30.1％，地表水占69.9％，而在地表水中，冰川和冰河又占了其中的68.7％。其中，冰川和冰河多位于南极和格陵兰岛（属丹麦管辖范围）区域内，无法作为生活用水加以利用。

剩余的地表水又可以分为河水、湖水、土壤水等。我们平时使用的生活用水，基本以地表水为主。

地下水又可以分为滞水、承压水和潜水三种。地下水虽然可以用作生活用水，但需要发掘才能获得，并不是很好获取的种类。

▲ 所有生物都在抢夺"一滴水"

河水占陆地水总量的0.006%。也就是说，河水总量只有2100立方千米（14亿立方千米 ×2.5% ×0.006%=2100立方千米）。

可能大家对于这些数字没什么实感，那我们换算一下，拿半径64厘米的地球仪打个比方。实际的地球赤道半径为6378千米，14亿立方千米的水换算到半径64厘米的地球仪上的话，大约是1400毫升。

按这个计算方法，2100立方千米的水约合0.0021毫升——一滴水都不够。这一滴水不仅要供应给人类，还要供各种地上生物生存繁衍。现在全球约有70亿人，每天都在为水资源短缺所困扰。而且水资源不足会直接造成粮食减产，导致进一步的食物短缺。

20世纪由于汽车和飞机的出现，导致人类社会对石油的争夺不断。可以说，20世纪是一个"石油的世纪"。

而21世纪则是"水的世纪"。世界上的各国，一旦因为上游的过度使用而导致下游水源短缺的话，就会围绕水资源发生各类冲突。

对于发展中国家来说，工业化和生活水平的提高都需要大量水资源。今后也许越来越多的地区都会陷入水资源紧缺的状态。在干燥地区，将海水脱盐处理变成淡水的工程也越来越多了。

而水资源的使用不仅仅是量够不够的问题，还包括能不能安全使用的问题。

▲ 自来水可以直接喝的国家，全球仅有15个

"国土境内，所有的自来水都可直接饮用"，这样的国家，全球仅有15个——芬兰、瑞典、冰岛、爱尔兰、德国、奥地利、瑞士、克罗地亚、斯洛文尼亚、阿拉伯联合酋长国、南非共和国、莫桑比克、澳大利亚、新西兰，最后还有日本。

日本位于欧亚大陆东部，受偏西风影响较弱，而受季风影响较强。因此日本的年降雨量是全球平均水平的两倍以上，加上又是岛国，基本不存在对水资源的争夺问题。

日本水资源丰富，在很多日本人心里，有着"水和安全都是免费的"观点，但实际上很多国家并非如此。日本人之所以会这么觉得，只不过是大自然给日本提供了这么一个特别的"平台"，是大自然的恩赐。从实用性角度来说，日本人其实完全没有必要购买瓶装矿泉水，而它的单价比同等容量的汽油还贵。[1]

▲ 石油之国沙特阿拉伯的烦恼

[1] 2018年7月，日本成品油价格约为150日币／升，折合人民币9元／升。而日本瓶装矿泉水的价格基本在100日币/500毫升，约合200日币／升，折合人民币12元／升。

中东有个叫沙特阿拉伯的国家，年平均降水量不超过200毫米，属于沙漠气候。因为降雨稀少，人们主要的生活用水都需要通过发掘地下含水层[1]而获得。沙特阿拉伯人民正是利用这些地下水进行作物种植，实现了自给自足。

然而，在实现自给自足20年后，地下含水层渐渐枯竭，导致沙特阿拉伯谷物产量逐年下跌。

近年来沙特阿拉伯一直在提高对淡水化后的矿化水的使用程度，而自从谷物产量无法满足国内需求后，其粮食进口数量也在逐年扩大。

依赖粮食进口的沙特阿拉伯，一旦为了眼前的利益而提高石油价格，就有可能受到来自别国的粮食出口制裁。

---

[1]　在地质学上，含水层常指土壤通气层以下的饱和层，其介质孔隙完全充满水分。

11
资源战争！中国 vs 澳大利亚 / 巴西

▲ 围绕铁矿石展开的激烈争夺

中国是矿产资源非常丰富的大国。其中多项矿产资源的出产量都位居世界前列，包括铁矿石、铝矾土、金、银、铜、锌、铅、锡等金属资源和原油、煤炭等能源资源。

近年来中国经济的发展让世人瞩目，但这样快速发展也并不是全无问题的。这里我们就关注一个任何产业要发展都避不开的元素——铁矿石。

钢铁行业，是炼铁、炼钢、轧钢三个部门的统称。

炼铁，是将"铁矿石"熔化制成"生铁"。

炼钢，是将"生铁"中的碳元素去除，制成"钢"。这个阶段的钢因为没有经过加工，所以还是"原钢"。

轧钢，是将"原钢"通过压延等方式加工制成钢板、钢管等"钢材"。

中国由于国内铁矿石资源丰富，所以钢铁产业很发达。

中国共有鞍山、包头、武汉三大钢铁中心，都十分靠近原料

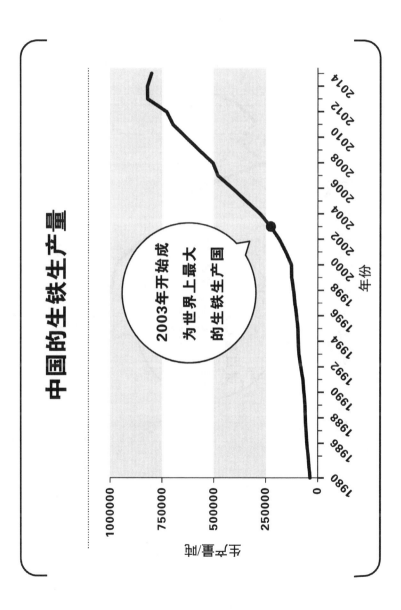

中国的生铁生产量

2003年开始成
为世界上最大
的生铁生产国

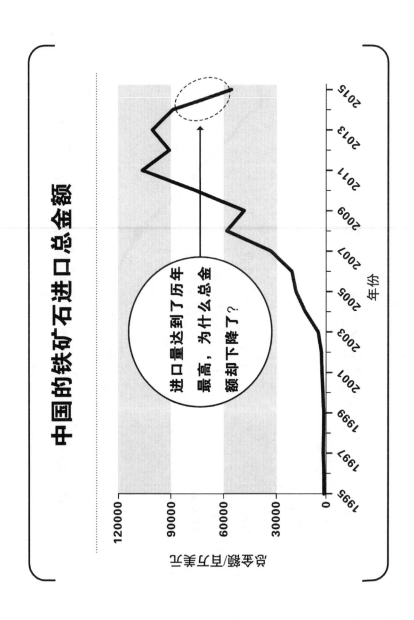

中国的铁矿石进口总金额

进口量达到了历年最高，为什么总金额却下降了？

总金额/百万美元

120000
90000
60000
30000
0

1995 1997 1999 2001 2003 2005 2007 2009 2011 2013 2015

年份

产地。

20世纪70年代后期，由于大量依赖海外资源的进口，中国的钢铁基地一般都是沿海城市或地区。从2000年开始，伴随着经济的快速成长，中国生铁的生产量开始日益增加，2003年开始中国就超越了日本，成为世界上最大的生铁制造国。

但是对于中国来说，国内丰富的铁矿石产出还不够，每年还需要进口大量的铁矿石。2015年，中国的铁矿石进口量达到了最高值，而主要的进口国是巴西和澳大利亚。

在铁矿石进口量最高的2015年，进口金额却只有前一年的约60％，其主要原因就是全球铁矿石价格的持续下跌。

这里就有两个问题：

1. 中国明明是铁矿石开采大国，为什么还需要进口？

2. 为什么铁矿石价格会大幅下跌？

而要解答这两个问题，关键就要了解围绕铁矿石展开的争夺。

与其他商品不同，铁矿石不存在期货市场，它的价格完全是靠最大的买家（中国）根据需求与铁矿石采掘方商量决定的。

2013年，由于中国经济发展速度减慢，国际铁矿石价格开始下跌。

而随着最大的买家（中国）需求的减少，铁矿石也开始大量积压。

这样一来，中国国内生产的铁矿石价格就显得贵了。

而中国国产铁矿石还有个大问题，那就是铁含有量。中国每年开采的铁矿石的冶炼量为4.35亿吨（2013年），而铁矿石本身的重量达到了14.5亿吨。也就是说，铁含有量相对较低，仅有30%左右。

为了炼出足够的铁，就必须采掘大量的铁矿石，从而导致采掘成本居高不下。再加上现如今国外铁矿石价格的下降，国内矿山的财务状况就更加恶劣了。这种情况下，比起国内的铁矿石，钢铁厂都更倾向于选择从国外进口铁矿石。

2014年5月，中国的钢铁产量达到了史上最高峰，从那以后便迎来了连续14个月的下跌，2015年的钢铁产量更是34年来首次下降。

铁矿石的剩余越来越多，而同时，全球铁矿石的挖掘量还在逐年上升。

▲ 澳大利亚和巴西对中国的打击

铁矿石开采量占据全球前列的三家公司分别是澳大利亚必和必拓公司、英国力拓集团[1]和巴西淡水河谷公司，三家公司的开采量总和占据了全球的60%。

与中国不同，澳大利亚和巴西的铁矿石中铁的含有量很高。

从生铁产出量上来看，澳大利亚总重量约6.09亿吨的铁矿石可

---

[1] 集团总部在英国，但有专门的澳洲总部，设在墨尔本。

产出3.77亿吨的生铁（61.9%），而巴西总重量3.86亿吨的铁矿石可产出2.46亿吨的生铁（63.73%）。这就意味着，澳大利亚和巴西的铁矿石挖掘成本比中国低很多。

那么为什么铁矿石已经很富余了，澳大利亚和巴西却不停止增产呢？

这是因为巨头们在对抗降价的同时，都企图通过增产而扩大自己的市场占比，最终成为铁矿石全球市场上的寡头。

一旦进入价格战，没有实力的企业是根本无法获胜的。在铁矿石这个产业中，生产能力低下的企业会直接面临破产。

而参与行业的企业越少，寡头的实力就越强，未来支配价格走向的能力也就越强。

沙特阿拉伯靠着原油增产来压低原油价格，逼迫美国国内原油企业倒闭，也是这个逻辑。

拥有资源的国家，在价格战中都会有更大的优势。

一旦一个行业被寡头垄断了，也就意味着只剩下少数的供货商，那就无法保证稳定的供给关系，也存在突然涨价的风险。对于矿产资源短缺、基本依靠进口的国家来说，资源大国的战争并不是与己无关的事情。

中国的钢铁产量，从2014年5月开始经历了连续14个月的下跌，而到2016年3月，又开始急速增长。

这是短期的国内基础设施建设的需要，而说到最中心的工业部门，其对钢铁的需求仍在下降。国内的铁矿石用不完，只能转而出口海外，这又进一步加剧了国际铁矿石价格的下跌，进而造成钢材价格的下跌。

生产量、进口量、出口量是用来衡量一个国家国内市场需求的三项重要指标。如果某样东西，国内出产量明明很大，进口量却还是很大，那就证明了国内对此产品的需求十分旺盛。但除此之外，还有很多别的因素会影响市场，而发现这些因素并了解其背后的逻辑，就是地理最有趣的部分。

12
稀有资源和稀有金属催生的悲剧

▲ 为什么会施行种族隔离?

资源正因为有限,才有了价值。这是本书强调过很多次的观点。

本小节我们就来讨论一下这个话题:稀有金属与南非共和国内实施的种族隔离政策到底有什么关系?

2015年南非共和国拥有约5300万人口,在全球排名第24位,属于人口比较多的国家。人均 GDP 约为5733美元,已经达到了成为汽车市场的条件。

一般我们衡量一个国家是否有成为汽车市场的条件,都以人均 GDP 是否达到2500~3000美元为标准,南非人均 GDP 已经达到了这个标准,而且南非的汽车保有量仅为每千人拥有177.9辆车,是有很大提升空间的。

再来看看南非2015年的出口统计。

前五名分别是矿产、贵金属及制品、汽车、贱金属及制品、几点产品。机械类、汽车、钢铁的排名都比较靠前,可见是工业比较发达的国家。细分排名前列的还有铁矿石、铂族金属、黄金、煤炭和钻石这类矿产资源，蔬菜水果的出口量也不小。

▲ 南非是矿产资源丰富的国家

我们来看一下南非各类矿产资源在全球的排名情况：铁矿石世界第七、铂族金属世界第一、黄金世界第六、煤炭世界第七、钻石世界第八。

南非的煤炭出口量为世界第六，排在印度尼西亚、澳大利亚、俄罗斯、美国和哥伦比亚之后。而且南非煤炭埋藏量丰富，按现有速度，可开采年数长达百余年，所以南非自身的能源重心也是煤炭。

而南非的黄金发掘始于19世纪80年代的"黄金热"。在20世纪70年代，全球黄金开采量的70%左右都在南非。但是近年来，随着浅层黄金被发掘殆尽，不进行深层挖掘已经无法获得黄金了，所以南非的黄金产量在逐年下降，挖掘成本也在逐年提升。

此外，说到钻石就会提到的著名钻石品牌戴比尔斯，其总部就在南非。

▲ 什么是稀有金属？

在南非，不得不提到"铂族金属"，这个词语可能大家会觉得有点陌生。实际上"铂族"是铂（Pt）、钯（Pd）、锇（Os）、铱（Ir）、钌（Ru）、铑（Rh）六种金属的统称，属于稀有金属。其特征就是不与水发生反应，对酸性和碱性物质的抗侵蚀能力很强。

铂族金属的出产国很少，俄罗斯、南非、美国、加拿大、津巴布韦这几个国家的出产量几乎就是全球产量的总和。而铂族金属在汽车引线、电子及电气工业方面以及珠宝首饰行业都有着广泛的运用。

一般来说，我们对稀有金属的定义包括以下几个方面：

（1）地球上的总量稀少。

（2）要提炼出纯的金属难度很大。

（3）冶炼成本高昂。

而稀有金属的埋藏又具有很高的地域性，大部分都存在于非洲大陆南部、俄罗斯以及中国境内，而南非就是世界上稀有金属产量很高的国家之一。

▲ 世界各国为何都不批判南非的种族隔离政策？

在冷战时代，东西方之间的交流是很困难的，所以当时西方各国的稀有金属进口基本只能依赖南非。而南非作为重要的稀有金属产地，其国际地位也日渐提高。西方各国对南非的种族隔离政策也只能保持沉默。

种族隔离政策指的是，在南非共和国内施行的，合法对黑人进行区别对待和打压的政策。1911年制定的《矿山劳动法》是种族隔离政策下的第一部人种差别法。《矿山劳动法》对在金矿和钻石矿中工作的白人和黑人进行了统一的职业划分和就业人数比区别。因为当时在这些地方工作的人中，绝大多数都是黑人，所以统一就业人数比的规定一出台，就导致许多黑人丧失了劳动机会，甚至很多黑人直接遭到了逮捕。种族隔离政策下，不同人种之间不仅不许通婚，连恋爱也不可以。由于西方各国对种族隔离政策保持沉默，导致这项政策在南非推行得越来越广。

同时，南非各地也兴起了反对种族隔离的运动，连后来成为南非总统的曼德拉也参与到了反对运动当中。一直到20世纪80年代，国际社会才启动对南非的经济制裁。

▲ 冷战结束给南非带来了什么？

1989年，美苏两国领导人在马耳他会谈，宣告冷战结束。东西方的交流渐盛，西方诸国也开始从俄罗斯进口各种稀有金属，南非的地位开始动摇。

也是从那个时候开始，国际社会对南非的经济制裁开始越来越严厉。在这种情况下，南非于1991年正式宣布废除种族隔离政策，并于1994年举办了第一届所有人种都可参加的总统选举。在这次选举中，曼德拉当选南非国家总统。

结束闭关锁国后，南非也开始积极参与各类国际体育活动，1998年第一次参加世界杯足球赛，并于2010年成为世界杯的主办国。

有资源的国家才有资格发声，因为资源就是最有力的外交保障。南非在冷战时期正是利用了自己的稀有金属资源，才让种族隔离政策得以顺利施行。

现在，种族隔离已经成为过去，自1994年4月27日起，伴随着全新的国旗的冉冉升起，全新的南非共和国诞生了。

在全新的南非国旗上，红色代表种族隔离时代所流的血，蓝色代表天空和大海，绿色代表自然和农场，黄色代表天然资源，黑色代表黑人，白色代表白人。虽然和彩虹颜色不同，但这面新国旗也被人们称为"彩虹旗"。政治安定了，才有可能发展经济。虽然说现在的南非，在各处可能还残留着一些种族隔离时期的问题，但南非正是因为当初迈向现代工业国家的第一步，才有了今日的成就。

13
读懂"铝",读懂资源大国

▲ 铝矾土究竟是什么?

铝矾土是一种多产于热带土壤的矿产资源。

在柯本气候分类法 [1] 中,热带指的是一年中最冷的月平均气温在18℃以上的气候区域。

热带地区气温高,地表附近的空气温暖,会接连不断地产生上升气流。上升气流会形成积雨云,导致降雨,所以热带地区的降水量通常都非常高。

大量的雨水进入地表,溶解了土壤中的养分,最后只留下铁元素和铝元素。

铝元素越积越多,最终形成铝矾土,这就是铝矾土主要出产于热带地区的原因。

铝矾土是提炼金属铝的原料。将铝矾土中的杂质去除,再进行电

[1] 由德国气候学家柯本(Wladimir P. Kppen)创立,其以气温和降水为指标,再参照自然植被分布状况进行气候分类。

解，就能得到金属铝。而金属铝则被广泛应用在硬币铸造、铝箔、铝罐、汽车框架、各类家电的外框等地方。对于中国、美国、日本和欧洲国家这些汽车制造大国来说，铝是工业中非常重要的一种金属。

▲ 提炼铝需要耗费大量电能

铝也被称为"电罐头"，炼制过程需要花费大量电力。生产1吨铝，需要消耗1.3万~1.5万千瓦·时[1]电力。而一般家庭用电，每天也就10千瓦·时左右。也就是说，生产1吨铝所花费的电力，可以供1300~1500户家庭使用一天。

对于像日本这种资源小国来说，发电的主要能源都靠进口，因而电力成本高昂。日本的工业用电每千瓦·时的成本约为0.129美元，而美国同样的电力，成本只要0.068美元，几乎是日本的一半。

石油危机后，由于原油价格高涨，电力成本激增。20世纪70年代，1吨铝的价格约为18万日元（约合1.1万元人民币），而其提炼成本就达到了12万日元（约合7200元人民币）。在这种情况下，铝的冶炼几乎无利润可言。

铝的冶炼行业，本质是电力指向性工业，谁能以更低的成本获

....

[1] 千瓦·时（kW·h），也就是我国的电力单位"度"。

得大量电力，谁就有竞争优势。

> ▲ 总而言之，强大的还是那些国土面积大的国家

我们在冰岛的章节中曾经提到过，不利用化石类能源，只用可再生能源也有可能获得廉价的电力。

但是太阳能和风能在稳定性方面有劣势，而地热又不是随处可得的资源。

这么算下来，只有通过统计得知年降雨量以及雨水分布的水力发电，才是获得低价电能的最便捷的途径。像产油和产煤的国家一样，如果一个国家有充足的水资源，那么获得低价电力也是可能的。

要利用水力发电，就需要先考虑一个可开发水资源的问题。可开发水资源，指的是一个国家内可供技术开发和经济开发的水资源总量。并不是说一个地方降雨量越大，其水资源就越多，要看可以利用的部分实际有多少。

大多数情况下，国土面积越大的国家，拥有的水资源总量就越多，其可利用水资源的量也就越多。

世界上可利用水资源最丰富的五个国家分别是中国、美国、俄罗斯、巴西、加拿大，刚好也是全球国土面积最大的五个国家。

而2015年全球铝制品的生产量，第一名中国、第二名俄罗斯、

第三名加拿大、第四名阿拉伯联合酋长国、第五名印度、第六名澳大利亚、第七名美国、第八名挪威。

这几个国家的共通点就是："国土面积大，可利用水资源充沛""产油产煤大国"。

14
让俄罗斯烦恼的车臣共和国

> ▲ 关键词：石油开采权和宗教对立

人们总是愿意与和自己价值观相同的人一起相处。一旦双方价值观不同，就会觉得被对方制定的一系列条条框框所束缚，会觉得不舒服。

在黑海和里海之间的高加索山脉，其北部有一个区域，叫车臣共和国。虽然看名字像是一个独立的国家，但实际上是俄罗斯联邦下的一个属国。

车臣共和国位于高加索山脉北部的山岭地区，地势险峻，曾靠着这个地利免于被大国统治。而近年来车臣共和国也一直想从俄罗斯再次独立出来，实现二次独立。

这种独立运动的背后，实际上是关于石油开采权的争夺和宗教的对立。与俄罗斯主流的基督教东正教不同，车臣共和国大多信仰伊斯兰教。1859年开始，车臣共和国被划入俄罗斯帝国势力范围，1917年俄国革命时，车臣趁机获得了自治权。

　　1922年，在苏联的统治下，车臣成为自治州。但实际上，自治完全流于形式，苏联不断向车臣地区施行宗教压制政策，1944年更强行要求车臣居民移居至哈萨克斯坦或西伯利亚。但苏联政府没料到的是，就像当年犹太人在苦难面前空前团结一样，这些迫害政策让车臣共和国居民间产生了坚固的凝聚力。

　　车臣人的独立意识相当坚决，1991年更是正式宣布独立。苏联解体后的1992年，车臣又拒绝签字加入俄罗斯联邦。此后两年，虽有各方调停，但车臣态度依然坚决。1994年，俄罗斯军队正式开赴车臣，第一次车臣战争爆发。

　　这次战争中，车臣共和国的首都格罗兹尼虽然被俄军攻陷了，但由于大量车臣武装进行的持久游击战，最终俄军只能撤军。1996年车臣获得了实际上的独立，并于次年签订了停战协议。

　　但到了1999年，车臣内部的独立派势力开始进攻俄罗斯联邦内的达吉斯坦共和国。俄罗斯军队再次进入车臣境内，第二次车臣战争爆发，停战协议也宣告无效。

　　第二次车臣战争爆发后，与车臣独立势力相关的恐怖爆炸事件频发，有意见认为是车臣独立势力与宗教激进派导致了恐怖主义思想的尖锐化。直到2009年，俄罗斯政府才宣布车臣境内的恐怖爆炸活动得到了有效控制。但实际上在俄罗斯政府发表这个宣言后，车臣境内依然有包括恐怖爆炸事件在内的各种恐怖袭击发生。

▲ 车臣是原油产出地

自从1893年在首都格罗兹尼发现油田以来，车臣的石油产量一直相当大。1931年单车臣境内就产油806万吨，占当时苏联全境产油量的36%。从经济的角度来看，车臣完全是有条件独立的。

从宗教上看，与俄罗斯整体的东正教信仰不同，车臣信仰伊斯兰教。高加索山脉周边地区和巴尔干半岛相似，都是各民族居住的边境地。

"经济可以自立"加上"价值观不同"，最终就会导致少数民族的独立运动。

俄罗斯政府一直对经过车臣和车臣东邻的达吉斯坦共和国的石油管道征收使用费。这条管道从阿塞拜疆的巴库油田出发，经过达吉斯坦，再穿过车臣，最终到达俄罗斯的新罗西斯克港。

但自第二次车臣战争之后，由于车臣地区地源政治风险过高，俄罗斯不得不建设一条新的迂回管道，并从2004年4月开始正式投入使用。俄罗斯之所以会建设这条替代管道，一是为了继续掌握对阿塞拜疆的石油控制权，二是为了收取管道的使用费。站在俄罗斯的立场上，这些都是不愿放弃的利益与权力。

虽说建立了替代管道，但俄罗斯还是不认可车臣的独立。车臣不仅是产油区，更是俄罗斯与西亚各伊斯兰国家的缓冲区。

但对于车臣来说，与俄罗斯既没有共同的宗教信仰，又可以自行开采大量的石油，这样两个价值观完全不同的民族要生活在同一片区域，是非常困难的。

15

资源大国巴西眼里的"安定"资源究竟是什么？

▲ 矿产资源丰富、气候宜人的国度

巴西矿产资源丰富，而且国家的大部分领土都位于低纬度地区，属于热带国家。

了解了这个前提，让我们来看看巴西的经济发展情况。首先，我们从巴西所位于的南美大陆的地理构造开始说起。

由于南美大陆西侧有纵断的安第斯山脉、环太平洋造山带（新时期造山带的一部分），所以石油和铜等资源储藏丰富。

在安第斯山脉附近，有拥有世界最大原油埋藏量的委内瑞拉、世界最大的铜生产国智利以及同样的产铜大国秘鲁。

而在南美大陆东侧，北边的圭亚那高原和南边的巴西高原之间是湍急的亚马孙河。圭亚那高原和巴西高原原本是一个整体，只不过在亚马孙河长年累月的冲刷下分成了两个部分。所以亚马孙河两岸的地质特点基本一致，都埋有大量的铁矿石、铝矾土、稀有金属等矿产资源。

巴西就是依靠大量出口铁矿石和铝矾土换来了大量外汇，现在巴西出口产品的第一位就是铁矿石。

▲ 日本与巴西的关系

巴西的铝矾土矿床早于1967年就被发现了，矿区所在地在巴西境内的亚马孙支流特隆贝塔斯河流域。由于铝矾土产量巨大，所以成本很低，巴西人将其初步提炼成铝坯后大量出口日本。

当然，提炼足够的金属铝还需要大量的电能，所以接下来，巴西就建造了著名的图库鲁伊大坝。这座大坝是在日本的援助之下建成的，位于亚马孙支流托坎廷斯河下游。大坝建成后，上游形成的蓄水湖面积达到了琵琶湖[1]的3.5倍。

而负责铝坯精炼的是 Albras 公司。Albras 公司是日本和巴西共同出资成立的，其中日资占比49%。Albras 公司提炼出的金属铝中，有接近半数（约22万吨）被直接出口到日本。这个数量约占日本每年进口铝总数量的10%，所以 Albras 公司对于日本来说也是不可或缺的。

▲ 支撑巴西的水力发电

巴西不仅国土面积广阔，还是热带国家。年降水总量（年均降水量与国土面积的乘积）很高，位居全球第一，是可利用水资

----

[1] 琵琶湖是日本中西部山区的淡水湖，面积约674平方千米，是日本最大的湖泊。

源（技术和经济上可开发利用的水资源总量）非常丰富的国家。因此，巴西很早就主要依靠水力发电。1980年水力发电总量为128.9太瓦·时[1]，到了2015年已经增至360.94太瓦时，增长了约三倍。

▲ 关键在于原油

此外，巴西在原油开采方面也投入了大量人力与财力。1980年巴西的日均原油产量仅为18.8万桶，而日均原油使用量则达到了116.3万桶，原油供给成了当时困扰巴西政府的一个大问题。

也就是说，巴西其实常年处于原油进口国的地位。为了改变这一现状，巴西政府加大了在原油开采方面的投入，提高了原油的开采量，这终于让巴西成了原油出口国。

但从地质构造上来看，巴西国土范围内并没有原油储藏。巴西原油的94%储藏量都为海底油田（其中80%位于里约热内卢州海岸附近），开采需要面临很多问题。

2010年墨西哥湾发生了举世震惊的原油泄漏事件，人们才逐渐认识到，其实海底油田的开采从来都是伴随着诸多危险的。而且海底油田开采成本高，这也影响了原油的商业利用空间。

巴西原油一直以来最大的出口对象是美国，但自从美国国内对页岩油[2]的供给量大量加大后，巴西原油对美国的出口量锐减。而

[1]　1太瓦·时（tW·h）等于109千瓦·时（kW·h）。
[2]　页岩油是指以页岩为主的页岩层系中所含的石油资源。

现在其最大的出口国中国，也并不能保证长期稳定的需求量。

基于以上各种原因，巴西的主要竞争力还在水力发电上。水力发电主要受年降水量的影响，降水量虽然每月会有一定的变化，但从年度这个时间单位来看，基本还是比较稳定的。而且巴西因为战争等造成国土面积丢失的可能性也非常小，所以我们可以说巴西在今后很长一段时间内会是一个可利用水资源充沛、依靠水力发电支撑经济的国家。

16
拒绝加入欧盟的挪威

▲ 能"独立行走天下"的三个理由

作为欧盟（EU）前身的欧共体（EC）成立于1967年，而欧共体再往上追溯则是1950年的舒曼计划 [由时任法国外长的罗伯特·舒曼（Robert Schuman）提倡的计划]。根据舒曼计划而结成的西欧煤钢联营共同体（ECSC），就是欧共体的前身。

历史上的德国和法国，围绕着铁矿石和煤炭资源一直战争不断。最后为了政治上的安定，约定对资源产地实行共同管理，并开设了钢铁和煤炭的共同市场，希望以此推进经济的发展。

在这个基础上结成了欧洲经济共同体（EEC）、欧洲原子能共同体（EURATOM）等，最后构成了欧洲共同体。

从2013年开始，欧盟形成了28国体制。虽然英国在2016年6月宣布脱离欧盟，但截至本书出版时，欧盟还是保持着28国的构成状态。我们可以发现，欧盟28国中并不包含挪威。这是什么原因呢？

挪威从1524年开始和丹麦成为同一君主联合国。所谓的同一君主联合国，指的是同一个国王统治多个不同国家的状态。英国与旧英属各国组成的英联邦，就是典型的同一君主联合国制。

挪威的绝大部分国土都位于北纬50度线以北，气温寒冷，因为斯堪的纳维亚山脉贯穿东西，所以很少有大片平坦的土地。因此，挪威农业并不发达，历史上时常因为农作物产量不足而苦恼。

但由于挪威多山，森林资源丰富，加上还有铁矿石储藏，所以整体作为资源供给地的地位还是比较牢固的。而与挪威同为联邦国的丹麦，则自古以来一直是农作物的供给地。

从1814年开始，挪威与瑞典成为同一君主联合国，这个联合关系一直持续到1905年。

也就是说，挪威人一直到了1905年才从400年的联合状态中解放出来，获得了真正的"自由"。400年的苦难让挪威国民愈加团结，所以挪威人的爱国心非常强。对于挪威人来说，"被他人统治"是一件非常无法容忍的事情。

▲ 挪威的实力之一——水产业

挪威的水产业非常发达。原因之一是从大西洋过来的暖流与从东格陵兰过来的寒流刚好在挪威附近海域形成了寒暖流分界线，这带来了大量的鱼群；原因之二是挪威附近海域的浅滩构造。

所谓寒暖流分界线，指的就是寒流和暖流相汇时的海域。由于寒流比暖流重（和冷水比热水重是一个道理），所以两股海流交汇时，寒流会流向暖流下方。这会使得海水中的营养物质向海面方向移动，形成所谓涌升流。涌升流形成的海域，由于海流运动剧烈，会带来各类营养矿物盐和大量氧气，易于浮游生物生长与繁殖，所以容易吸引大批鱼群前来捕食。这也就是我们常说的好渔场。

而浅滩区指的是比周边海域都高的海域范围。因为海水浅，阳光可以更好地穿透水面，易于海藻类生物的生长。许多鱼类会选择在浅滩区产卵和生活，所以浅滩区也是人们所追求的好渔场。

不仅如此，挪威还是著名的多峡湾国家。峡湾的英文是"fjord"，来自挪威语，意思是海湾。峡湾原本是被山谷斜面的冰川侵蚀而形成的 U 形谷，这些 U 形谷在地壳运动的过程中，由于海平面上升或是地平面下降的关系而沉入海面以下，形成峡湾。

峡湾地区一般风平浪静，只要水深足够，就能形成港口。而在挪威，就有很多峡湾成为天然的港口。在地理学中，这种现象被称为"天然港湾"。

加上北大西洋暖流流经挪威海域，所以即使位于高纬度地区，挪威的很多港口冬天也不会结冰。这对于港口来说是非常重要的。

拿瑞典来说，在瑞典北部基律纳、伊利维尔等地出产的铁矿石，到了冬天就会被转运到挪威的纳尔维克港，再从挪威出口到其他国家。这是因为瑞典位于斯堪的纳维亚山脉的下风侧，所以瑞典的波斯尼亚湾到了冬天就会结冰，铁矿石无法从本国港口运出去。

这就是挪威从古至今水产业发达的原因。

▲ 挪威的实力之二——水力发电

挪威的水力发电实力闻名于世。因为挪威多山，所以可以很方便地利用高低落差进行发电。再加上挪威位于斯堪的纳维亚山脉上风侧，降水量也很充沛。

挪威在2015年就已拥有约700座以上的水电站，水力发电占到了挪威全国用电量的约96%，可以说基本上挪威国内的能源使用都是依靠水力发电。与此相比，火力发电占比不足2%。

因此，挪威一直以来就以电费低廉而闻名。每100千瓦·时的电费仅需要9.45美元，远远低于世界平均的19.63美元。因为地处寒冷地区，所以冬天人们用空调取暖的比例很高，每年的人均电力消费量达到了2.3万千瓦·时，仅次于冰岛的5.4万千瓦·时，排名世界第二。但由于电力便宜，所以人们在电力方面的支出并不多。

不过这也是基于挪威的人口稀少，换任何一个人口大国都是无法仿效的。

2015年，挪威的水力发电量在全球排名第六，仅次于中国、加拿大、巴西、美国、俄罗斯。依靠着低价且丰富的电力资源，挪威的炼铝行业非常兴盛。著名的海德鲁铝业公司的总部就设在挪威奥斯陆。

这里我想要提醒大家注意的还有一点，那就是挪威在水力发电兴盛的同时，火力发电的比例非常低。因为国内的电力消费依靠水力发电就能满足，所以不需要再使用消耗石油和天然气的火力发电。

根据2015年国际能源署的数据统计，挪威年原油消费量仅为1023万吨（同年美国的原油消费量为8.52亿吨，日本为1.9亿吨），年天然气消费量为48.05亿立方米（同年美国的天然气消费量为7779.7亿立方米，日本为1134.22亿立方米）。这不仅因为挪威人口少，还有一个原因就是挪威的人均原油和天然气消费量非常少。

▲ 挪威的实力之三——原油和天然气

从全球范围来看，挪威属于原油和天然气出产量较大的国家。20世纪70年代开始，挪威就开始了国家规模的原油开采。虽然海底油田的开采成本比陆地更高，但当时正值第二次石油危机，全球油价高涨，这点成本增加也就不影响根本了。

2015年挪威的年原油开采量约为8802万吨，排名全球第十五位；天然气开采量约为1171.52亿立方米，排名全球第七位。

我们将挪威的原油和天然气的开采量减去挪威国内消费量，得到的就是这两类产品的出口余量（出口余量并不等于实际出口量），原油为7779万吨，天然气为1123.47亿立方米。

这个余量除以2015年挪威的总人口数约519万人，就可以得出挪威的人均出口余量。其原油人均出口余量约为14.9吨，仅次于科威特，与阿拉伯联合酋长国和沙特阿拉伯相当。其天然气人均出口余量约为2.16万立方米，虽然比人均6100万立方米的卡塔尔低了不少，但比起其他国家还是高很多的。

在这样的背景下，挪威依靠不断的原油和天然气输出而保持着非常高的经济实力。同时考虑到原油和天然气都是有限的资源，总有一天会面临枯竭，挪威政府在维持能源产业中心的同时，还努力发展新的产业。近年来挪威观光业就在显著增长，每年赴挪威旅游的人数和旅游业带来的收入都在攀升。

▲ 挪威不加入欧盟的原因

历史上挪威曾经举行过两次关于要不要加入欧盟的国民投票，分别在1972年（当时还是欧共体时代）和1994年。1972年的投票结果是反对票53.5%，赞成票46.5%；1994年的投票结果是反对票52.5%，赞成票47.8%。两次投票结果差别不大，都是反对票高，所以挪威也就一直没有加入欧盟。

2016年挪威的最新舆论调查显示，反对加入欧盟的比例达到了70.6%，可以说大部分挪威国民都在加入欧盟这个问题上投了反对票。也许是因为挪威人经历过与丹麦和瑞典的同一君主联合国制时代，所以民众都比较倾向于更独立的制度。而且一旦加入欧盟，就需要遵守欧盟的各项贸易规则，对于挪威来说，原油和天然气的出口方面的利益也许还不能抵消所受到的限制，反而影响国家利益。

　　世间的事情就是这个道理：真正想要做的事情是不需要别人催促的，自己就会去做，而真正有能力的人不需要与人联手也能搞定事情。挪威在欧洲之所以能作为一个实力突出又孤傲的国家而存在，根本原因在于其独特的地理优势。

17
钻石大国博茨瓦纳的三个地理劣势是什么？

▲ 持续经济成长背后所隐藏的阴霾

　　在非洲大陆上的54个国家合地区中，按照人均GDP排序的话，依次是赤道几内亚、塞舌尔、毛里求斯、加蓬、博茨瓦纳、南非、利比亚。

　　那么请问大家一个问题：你知道博茨瓦纳这个国家吗？

　　博茨瓦纳是位于非洲大陆南部的一个内陆国家，在南非的北侧。平时我们能接触到关于博茨瓦纳的信息很少，所以心理感觉似乎离得很远。本节我们就来看看博茨瓦纳的经济。

　　在博茨瓦纳的出口商品中，第一名为钻石、第二名为镍矿、第三名为机械类、第四名为铜矿、第五名为肉类、第六名为汽车、第七名为黄金（非货币用）、第八名为无机化学物、第九名为废铁。其中第一名钻石就占了全国总出口金额的约81.8%，可以说，博茨瓦纳整体是一个立足于钻石（国家经济很大程度上依赖某一种商品的生产或出口）的国家。

　　博茨瓦纳的人均GDP约为6800美元（2015年），我们熟悉的以石油资源丰富而闻名的利比亚的人均约 GDP 约为4338美元，而非洲最大的工业国家南非的人均 GDP 则约为5733美元。这么看来，博茨瓦纳是一个比我们绝大多数人想象的都要富裕的国家。

博茨瓦纳的经济成长主要取决于两个因素：一是政治的安定，二是钻石产业。

博茨瓦纳1966年从英国的统治下获得独立，既没有经历战争，也没有经历内战，和平完成了国家独立。

这种倾向一直延续到现在，现在的博茨瓦纳也是政治安定性很高的国家之一，特别是对贪污渎职罪处置得很严厉，还被批评过"国会下决策太慢了"。

▲ 钻石资源枯竭危机

博茨瓦纳自1967年发现钻石矿之后，钻石行业就一直是主导着博茨瓦纳国家经济的支柱产业。这点从前文的出口占比中就能看出来。

博茨瓦纳钻石行业的领军企业，是由南非戴比尔斯公司和博茨瓦纳政府各出资50％建立的博茨瓦纳钻石公司。

钻石属于稀有矿产资源，所以不太存在激烈竞争的风险，但却存在资源枯竭的风险。有研究表示，地球上的钻石资源可能会在2050年左右枯竭。所以对于博茨瓦纳政府来说，发展钻石以外的产业就是经济发展需要面临的重大课题。

▲ "三个地理劣势" 究竟是什么？

为了保证博茨瓦纳今后的经济稳定，就需要推进经济的多元化发展。但是尽管博茨瓦纳进行了多年的经济多元化发展的努力，却还是没能获得一个很好的结果，其背后主要有三个原因。

第一个原因，钻石产业的牵制。这导致了博茨瓦纳的人均工资水平要远远高于周边其他国家。

第二个原因，博茨瓦纳是内陆国家。内陆国家在出口方面有先天的劣势。因为陆地运输成本高昂，所以矿产资源等原始单价较低的产品一般都会选择更便宜的船运。

第三个原因，博茨瓦纳全国人口仅约为212万（2015年），国内市场非常小，这导致了制造业等领域的外国资本没有足够的动力进军博茨瓦纳。一般情况下，外资进军一个国家，都会优先选择那些出口目的地国家和地区，这方面典型的案例就是有着"亚洲四小龙"之称的韩国、中国台湾、中国香港和新加坡。和这些国家和地区相比，博茨瓦纳并不具备吸引外资的条件。

不仅如此，由于博茨瓦纳和南非缔结了关税同盟，博茨瓦纳国内南非资本力量很大。对于博茨瓦纳来说，南非资本也是外来资本，但很难带动本国产业的发展。

虽然博茨瓦纳政府在牛肉、旅游、金融等产业方面都下了很大的力气，但至今为止这些产业的规模和水平都还无法与钻石产业相提并论。

也正因如此，银行给民间企业贷款的机会也就很少。博茨瓦纳的所有贷款中，超过60%是面对个人消费者的，其在中等收入国家中属于金融弱国。

对于资源大国来说，依靠着丰富的资源就可以更便利地发展经济。但是一旦过于依赖这一模式，就会因出口的单方面增产而导致本国货币增值，从而影响主力资源以外产品的国际竞争力。

资源大国也有资源大国独有的烦恼。

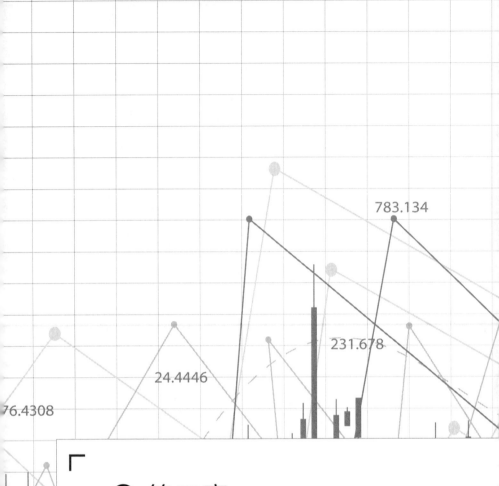

783.134

231.678

24.4446

76.4308

24

 第三章

贸易：全球范围内的"讨价还价"

UNDERSTANDING ECONOMICS
A GEOGRAPHICAL APPROACH

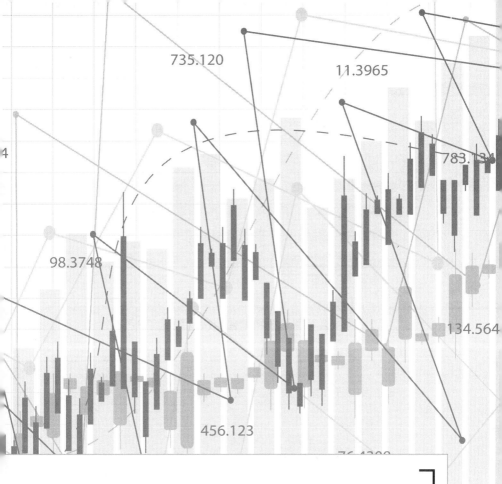

735.120

11.3965

783.134

98.3748

134.564

456.123

76.4308

本章的主要出场国

日本、墨西哥、澳大利亚、加拿大、美国、巴西、中国、坦桑尼亚、尼日利亚

中国目标 开发非洲市场
澳大利亚目标 依靠资源出口获得更多外汇
美国目标 复兴一个强大的美国
巴西目标 欧洲飞机市场

第三章

18
为什么美国总统特朗普会决定脱离 TPP？

> ▲ 关键在于美国工人的工作机会和跨国企业

"TPP 对于美国来说是一场灾难，所以我们选择退出！"

美国现任总统特朗普针对 TPP 说了这番话之后，美国宣布退出 TPP。

"我们要拿回美国工人的工作机会，推进可以重振产业的公平协定！"

为什么特朗普总统会如此激烈地反对 TPP 协定呢？

TPP 是《跨太平洋伙伴关系协定》（*Trans-Pacific Partnership Agreement*）的简称。

原本的 TPP 只是由新加坡、智利、新西兰、文莱四个国家组成的一个经济合作组织的协议，于2006年5月生效。

后来因为美国表态想参与，带动了包括日本、澳大利亚、越南、秘鲁、马来西亚、加拿大、墨西哥等七国共同参与到了 TPP 之中。

这12个国家加在一起，占据了全球人口的11%、全球 GDP 的36% 和全球贸易额的26%。TPP 成了世界上最大规模的自由贸易圈。

而 TPP 的特点是，除商品贸易外，服务、投资等21个领域都实现了贸易的自由化。

▲ 特朗普想推进的道路

特朗普是通过共和党成为总统候选人的。共和党一直以来主要依靠的是比较传统派白人的支持，特朗普也不例外。

竞选过程中，特朗普的一个主要观点就是：在经济全球化快速推进的现在，美国经济停滞不前、社会贫富差距扩大的主要原因是移民的存在。

而特朗普上台后的一个主要口号就是：再创美国辉煌！

和特朗普同样出身共和党的美国第40任总统里根在位期间，主要推行过五项政策：小政府、放宽各项规章、自由贸易、减税和加强美国军队建设。

现在特朗普和里根采取了一样的政策：放宽规章、减税和加强美军建设。

但与里根不同的是，特朗普政府对小政府和自由贸易政策持否定态度，他推行的是大政府和贸易保护主义政策。特朗普政府

还加大了在公共建设方面的投资，表示十年内会在公共建设方面
投资1万亿美元。因为这项政策的拉动，美国的 GDP 增长超过了
4％。而之所以会反对 TPP 主导的自由贸易政策，也是因为他所
推行的是贸易保护政策。

原本 TPP 协定的目的是建立一个自由贸易圈，但实际上，由
于加盟各国的政策受到各国大型企业的影响，最终变成了一个"大
企业霸权"体制。在 TPP 组织中，大企业有时候比国家还更有发
言权。这对于想要实现"大政府"的特朗普来说，是无法接受的。

特朗普不仅脱离了 TPP，还开始了与 NAFTA（北美自由贸易
区，North American Free Trade Area）的新一轮谈判，表达了
其想要脱离北美自贸区的意图。

NAFTA 和 TPP 的性质一样，其是由美国、加拿大、墨西哥
建立的，是在北美地区实现自由贸易的协议联盟。

不仅如此，特朗普政府还声称要收取"解雇美国籍雇员企业的
关税"。

比如，美国的 A 公司因为想要追求低劳动成本而在 B 国开设
工厂，然后将工厂中制造出来的产品出口到美国，这就需要支付关
税了。

这项政策的目的是防止企业的海外迁移。而且为了控制不法移
民，美国还在南部与墨西哥的国境交界处建立了高墙。

特朗普政府的新政还有很多，比如废除了原本出于环境保护目
的而设立的关于美国境内资源开发的各项规定。

大企业与TPP的关系

经济发展
都是谁的功劳？

大企业

介入
国家政策

TPP
加盟诸国

……

重点 ◀ 企业比政府更有发言权

这样一来，美国各项能源关联的基础设施建设又开始重新上马了。

美国还将原本支付给联合国、用于应对气候变化的资金撤回，用于国内建设。

美国放弃了自己"世界警察"的身份，转而将这部分资金投入本国的经济循环。

而这所有的举动都有一个共通点：保证美国国内的工作机会，创造更多的就业机会。

▲ "强大的美国"要向何处走？

现在我们已经明白美国为什么要脱离 TPP 了。

在北美自由贸易区的规定下，美国国内大量的工作机会流向了别的国家。这对于跨国企业来说是件好事，但对于美国劳动者来说却不是如此。特朗普说："对于中下层劳动者来说，TPP 是噩梦。"

也是因为如此，特朗普政府加大了公共建设方面的投入，想要创造更多的就业机会。

特朗普之所以能够成功竞选美国总统，关键是得到了原本常年支持民主党的"铁锈地带"中层人民的支持。

所谓的铁锈地带（rust belt），指的是美国地图上位于五大湖东南部的一大片地区。这片地区原本是工业发达的区域，但是数十年来美国的脱工业化导致了这里存在大批闲置生锈的制造业机器，

为什么美国要脱离TPP

给劳动者更多福利！

别想再从我们这儿夺走工作机会了！

TPP

NAFTA

重点

一切都是为了建设"强大的美国"

"铁锈地带"因此得名。正是这片区域生活贫困的白人，最终支持了特朗普。

多年以来美国手握世界霸权，为巩固自己的霸权而在全球各个区域进行投资。

现在这部分资金都被抽回美国国内，用来为美国国内的劳动者谋求福利。从某种意义上来说，这是一种民粹主义的表现，但确实也是为了创造一个"强大的美国"。

所以对于现在的美国政府来说，TPP 不是个好东西。

19
从日本的 EPA 中学到的"真正的 Win—Win"

> ▲ 新加坡和墨西哥

经济伙伴关系协定(Economic Partnership Agreement, EPA),指的是在多个领域内,为了强化经济而推行的贸易和投资的自由化、顺畅化协定。协定各国不仅废除各项关税和非关税障碍,还给对方开放投资特许、外国劳工入境许可和电子商务往来许可等多方面的政策支持。

但是由于牵扯国家利益等许多复杂问题,协议从开始到最终签订要耗费很长时间。对于日本来说,主要是需要调整国内产业(尤其是农业)的问题。

最开始和日本签订 EPA 协定的是新加坡,然后是墨西哥。这里我们就来关注一下这两个国家的情况。

新加坡是典型的都市国家,国土面积约724.4平方千米,只比日本的淡路岛 [1] 稍大。但2015年其总人口却有554万之多(淡路岛

[1]　日本濑户内海中最大的岛屿,面积593平方千米,包括所属小岛共596.4平方千米。

的居住人口仅为13万），是人口密度非常高的国家。

　　人口密度是按照人口总数除以国土面积得到的，新加坡的人口密度约为7730人／平方千米（淡路岛仅为219人／平方千米）。

　　因为国土面积狭小，所以很容易造成交通拥堵。在这个问题上，新加坡政府为控制汽车总量，推行了"新车购车券"政策，没有购车券就无法购买新车。汽车税费高，再加上购车券，购买一部家庭用车起码需要1000万日元[1]以上。

▲ 没有"冲突"，顺利结盟

　　对于新加坡这样一个人口密度极高的国家来说，有机会大规模发展农业吗？我们来看看其2015年的具体数据。

　　* 农业生产额占GDP比例：0.03%（日本为1.22%）

　　* 耕地面积率：0.94%（日本为12.44%）

　　新加坡的农业从业者只有2000人左右，农业从业者的人均耕地面积仅为0.4公顷[2]。新加坡很难被称为农业中心国。

　　新加坡的主要出口产品包括机械类、石油制品、有机化合物、精密仪器、塑料、医药品等，农作物并不是其主要的出口产品。

　　与之相对，日本的主要出口产品包括机械类、汽车、钢铁、精密仪器、有机化合物、塑料、石油制品、船舶等。

....

[1]　约合人民币62万元。
[2]　土地计算面积单位，1公顷=10000平方米。

所以日本在免除新加坡产品关税时，破例将农产品和皮革制品都列入了免关税名单。因为就算两国之间有了 EPA 协定，也并不会对两国的农业带来什么影响。

在这个基础上，日本与新加坡的 EPA 协议签订过程是非常顺利的。

> ▲ 作为农产品的出口国，墨西哥为什么能够同日本缔结
> EPA 协定？

第二个与日本签订 EPA 协定的国家是墨西哥。墨西哥的大米和小麦主要依赖美国进口，本国的供给率很低，但因为气候温暖，所以蔬菜和水果的产量非常大。各种蔬菜和水果也是墨西哥主要的出口产品之一。

墨西哥对日本的主要出口商品包括机械类、原油、肉类、光学仪器、水果、汽车零部件、家具、食盐、海产品等。从中可以看出，如果墨西哥的农产品大量进入日本市场，是有可能对日本的畜牧业以及水果种植业造成冲击的。

而且由于墨西哥本身还是 NAFTA 的加盟国，可以免关税从美国进口商品，所以也存在将美国产商品伪装成墨西哥产，再出口到日本的可能性。

两国交涉过程中，墨西哥提出想要降低牛肉、猪肉、鸡肉、橙汁、橙子的关税，而日本则提出要降低汽车和钢铁类的关税比例。

双方通过长时间的拉锯谈判，最终签订了 EPA 协定。在这个长时间拉锯谈判的过程中，日本的难点就在于要如何说服本国想要从事农业的国民。

墨西哥与智利、新加坡一样都是 FTA[1] 大国。也就是说，日本企业如果到墨西哥建立生产基地，将零部件和生产原料运到墨西哥生产，再将完成品从墨西哥运往美国或欧洲市场销售的话，这整个过程是几乎不产生任何关税的。而这点也是日本最看重的地方。

-----

[1] 自由贸易区（Free Trade Area），简称 FTA。

20

澳大利亚的富国之道，丰富的资源不是留给本国使用的

▲ 资源产地与大都市的关系

相信绝大多数人都会将澳大利亚看作发达国家。实际上，澳大利亚确实加入了有"发达国家俱乐部"之称的OECD（经济合作与发展组织），所以被看作发达国家也没错。

澳大利亚2015年人均收入约为6.06万美元，排名全球第十二，人均GDP约为5.67万美元，排名全球第十一。毋庸置疑，是发达国家了。

但是这个"发达"，究竟是指什么发达呢？

一般意义上，我们说的"发达国家"都指的是发达工业国家。而在澳大利亚的出口商品中，排名前列的分别为，铁矿石、煤炭、液化天然气、黄金、肉类，这是一个很难被称为发达工业国家的商品列表。

澳大利亚的支柱产业是农业和采矿业。像澳大利亚这种新大陆国家，土地广袤，最适合通过高度机械化的方式发展农牧业。

在澳大利亚，农业从业者的人均耕地面积为860.3公顷，加拿

大的这个数字是202.6公顷，美国是168.2公顷，阿根廷是107.6公顷。可以看出，这些国家的农业生产规模都很大。顺便提一句，日本的从业者人均耕地面积仅为3.6公顷。

在澳大利亚，仅次于农业的是采矿业。从澳大利亚2015年矿物资源出口统计来看，铁矿石和铝矾土的出口量均排名世界第一、铜矿石排名世界第三、镍矿石排名世界第四。以这些矿产资源为主，澳大利亚成了世界上最大的矿物和金属资源出口国。而且澳大利亚其他矿产资源的出口量也很大，比如煤炭排名世界第一、天然气排名世界第五。

▲ 澳大利亚不发展工业的两个理由

澳大利亚资源如此丰富，那么为什么不发展工业呢？

第一个原因，国内市场太小。澳大利亚总人口约为2400万人（2015年），如果在本国生产汽车，也在本国销售，那么很快市场就会饱和。

第二个原因，资源产地与大都市距离遥远。在澳大利亚的各大资源产地中，比较著名的是西北部的惠尔巴克和汤姆普莱斯两处铁矿山、北部的韦帕和戈夫两处铝矾土矿山以及东部大分水岭山脉东麓的穆拉煤矿等。

而澳大利亚的大都市主要集中在东部以及东南部，还有西南部部分地区。

澳大利亚的资源产地与大都市

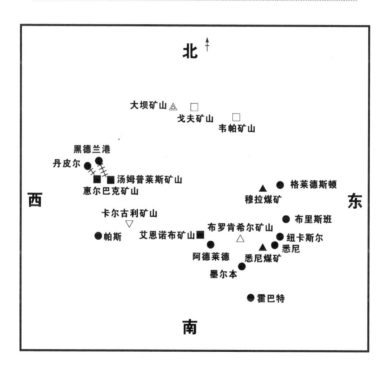

北

西

东

南

大坝矿山 ⚠ □
戈夫矿山　韦帕矿山 □

黑德兰港
丹皮尔
■ ■汤姆普莱斯矿山
惠尔巴克矿山

▲ ● 格莱德斯顿
穆拉煤矿

卡尔古利矿山
▽
●帕斯　艾恩诺布矿山■
布罗肯希尔矿山
△ ● 布里斯班
● 纽卡斯尔
●
阿德莱德　悉尼煤矿 ▲ 悉尼
墨尔本

● 霍巴特

| ⚠ 铀 | ▲ 煤炭 | □ 铝矾土 | ╫ 铁路 |
| ▽ 黄金非货币用 | ■ 铁矿石 | △ 铅矿 | ● 工业城市 |

澳大利亚年降水量

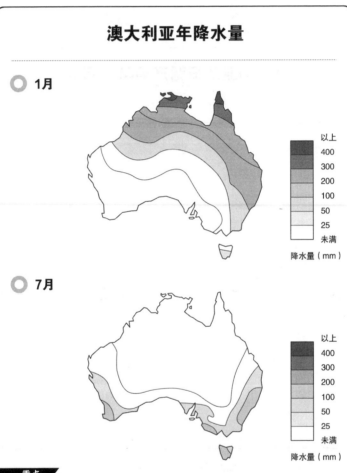

○ 1月

以上
400
300
200
100
50
25
未满

降水量（mm）

○ 7月

以上
400
300
200
100
50
25
未满

降水量（mm）

重点

国土面积的57.2%都属于干燥气候

适合人类居住的地区十分有限

城市形成的原因我们看上页的澳大利亚年降水量就能明白。

澳大利亚中部是广袤的沙漠地带。

整个澳洲大陆的57.2%都属于干燥气候，森林覆盖率更是只有16%。

也就是说澳洲中部地区由于气候干燥，很难开展农业，也就没有足够的粮食供给。因此，澳洲中部地区很难积聚人口。再加上澳大利亚属于新大陆，初代殖民者来开发时也会选择沿海地区为殖民据点。对于殖民者来说，居住在沿海还有一个好处，就是一旦发生什么灾难或是变故，可以更方便地逃离。

澳大利亚总面积约为769万平方千米，大约是日本的20倍。所以虽然从地图上看离得不远，但实际上从大都市集中的东南部地区到铁矿山集中的西北部地区，路途是非常遥远的。

就算要把铁矿石和煤炭都集中到一个地方来发展炼钢业，也要面临铁矿山和煤矿之间相隔遥远的现实问题。

也就是说，虽然国内资源非常丰富，但是如果要在国内使用的话，需要付出高昂的陆地运输成本。

因此，与其他发达国家相比，澳大利亚并没有把工业作为自己的主力产业。

2015年，在全世界三十九个汽车生产国中，澳大利亚排名第三十一。而从生产汽车所必需的钢坯的生产量上看，全世界一共六十三个生产国中，澳大利亚排名第二十八。

澳大利亚虽然制造业很不发达，但澳大利亚人却也不像一般的欠发达地区一样需要依靠提供简单劳动以及低价人力获得劳动机会。因为澳大利亚整体的政策比较倾向于富裕人群，所以澳大利亚的移民很多都是别国退休后移民到澳大利亚养老的，以富裕人群居多。1985年之后由于日元对澳元比例急速攀升，也导致很多日本人选择移民澳大利亚。

这样的结果就是，澳大利亚的人均工资水平是日本和美国的几乎两倍。相应的，澳大利亚也成为全球知名的高消费国家。

澳大利亚的餐饮业中，几乎没有外资企业入驻成功的案例。像著名的日本快餐品牌吉野家，曾在悉尼开设了两家分店，但不久后就撤回了。星巴克也直接把澳大利亚本地直营店的运营权限出售给了当地的企业。这背后自然也涉及许多澳大利亚特殊的情况。

21
物理距离4000千米！美国人是买木材，还是卖木材？

第一章中我们提到过"工业区位论"这个概念，其实就是只有将成本控制在最小范围之内才能获得最大的利润，尤其是要控制运输成本。控制运输成本虽然有很多方法，但是通常情况下，尽量缩短运输距离是非常重要的一个方面。

那么该如何缩小生产地与消费地之间的距离呢？

这是整个生产过程中都需要留意的一点。

在美国，存在数个大都市圈。"都市圈"是法国地理学家简·戈特曼（Jean Gottmann）提出的概念，指的是依靠高速交通网络和通信网络组成的巨大的经济区域。

在美国的都市圈中，有一个区域从波士顿（Boston）一直到华盛顿（Washington），跨越约960千米，取这两个城市名字的前半部分，称之为波士华盛（BosWash）地区。波士华盛地区聚居了全美约16%的人口，总人数约5000万，从世界范围来看也是非常庞大的经济圈。

越是大都市圈，对木材的需求量就越大。这些木材被用于土木建筑、造纸、家具、木箱捆包材料、柴炭等多个领域。

举个例子，我们日常生活中会用到的印刷文件的纸张，你知道全球每秒的消费量是多少吗？

答案是4吨。一张 A4纸的重量大约是4克，4吨就相当于100万张 A4纸。

而且与发展中国家相比，发达国家的纸张消费量更大，美国就是全球纸张消耗量排名前列的国家。

那么，这么多的木材要从哪里找呢？

▲ 美国是全球排名前列的森林国家，然而……

美国的森林覆盖率为33.9%（2013年），国土面积约937万平方千米，换算下来森林面积大约为317.64万平方千米，这个数字相当于日本国土面积的8.4倍。

但是，拥有如此大片森林的美国，木材却主要从加拿大进口。

加拿大的国土面积约为998万平方千米，其森林覆盖率为38.17%（2013年），实际约拥有381万平方千米的森林，是日本国土面积的10倍左右。加拿大靠近美国波士华盛地区的安大略省、魁北克省、纽芬兰和拉布拉多省的林业都非常发达，许多木材都是直接出口美国的。

加拿大的森林中，约有80% 都是北方林，即在温带以及亚寒带生长的一种树种。其中还有部分的寒带针叶林，也被称作泰加森林。

泰加森林由于树种单一，判别目标树种和进行采伐都比较容易，所以相比树木繁杂的热带雨林来说，更适合发展林业。

▲ 4000千米的物理距离

单看以上这些情况的话，美国和加拿大的森林条件都差不多。但实际上，美国国内的木材要用在波士华盛地区却是很困难的。

这又是为什么呢？

因为美国的大部分森林地区都集中在落基山脉周边和南部地区，从波士华盛地区到落基山脉的物理距离约为4000千米。这是一个超乎我们想象的距离规模，因为从日本北海道的札幌市到南边的鹿儿岛市，也只有1600千米。

而说到物资运送的话，最便宜的还是船运。美国的水陆交通大动脉是密西西比河，但密西西比河是纵贯美国中部的河流，并不能用作东西部贸易的通道。

那么空运可行吗？空运虽然效率高，但费用也高，基本上只适合小型、轻量、单价较高的货物，像木材这种单价不高、体积又大的货物自然是不适合的，这样就只剩下火车和汽车运输了。而陆运成本主要取决于运输距离，距离越近，成本越低。

美国、加拿大以及墨西哥都加入了NAFTA（北美自由贸易协

美国选择从加拿大进口木材的理由

从加拿大的安大略省
和魁北克省进口木材

大都市圈

约4000千米！
运输成本太高了

加拿大
美国

森林地带

定），几国之间的商品往来基本上都不需要支付关税。

因此，波士华盛地区才会选择直接从更近的加拿大安大略省、魁北克省、纽芬兰和拉布拉多省等地进口木材。

▲ 那么，美国的木材又到哪里去了呢？

前文说了，美国本身也属于森林资源丰富的国家。

20世纪初，美国产生了巨大的以木材产业为中心的资本组织。第二次世界大战后经过一系列的合并吸收，美国形成了以一部分大企业为寡头垄断的产业体系。而在大企业的牵头下，美国的林地开始大量集中到某几家公司手中。

此外，20世纪之后美国的林业也开始从天然采伐式林业进化为人工培育式林业，以西部地区为中心建立了国家公园和国有森林。

尤其是在西部及南部地区，人工育林发展迅速，伐木业也基本形成了以采伐人工林为中心的产业模式。特别是在南部地区，因为有大量的私有林地，所以成了主要的采伐地。

但是如前文所述，要将这些木材运向东部地区是很困难的。所以这些地区出产的木材，主要被出口到太平洋沿岸的各个城市以及亚洲各国。这些地区近年来由于经济的快速成长，对木材的需求也在连年攀升。

　　对于日本来说，最大的木材进口国是加拿大，其次便是美国和俄罗斯，其每年从美国进口的木材量还是相当大的。

　　美国国内既有需要木材的声音，也有想卖木材的需求。但是由于各种困难，美国的这两部分需求并不能互相满足。这其实也正是国土面积广阔、物理距离遥远所带来的一个实际现象。

22
联系巴西和欧洲的令人意外的产业

> ▲ 倾全国之力培育的飞机产业

在前面章节中，我们阐述过巴西的经济情况：巴西拥有丰富的铁矿石和铝矾土资源，水力发电的资源也非常丰富。

此外，巴西还是肉类（牛的养殖数量全球第一）、砂糖（甘蔗生产量全球第一）和大豆（大豆生产量全球第二）的出口国，近年来乙醇（主要原料是甘蔗）的产量也在迅速提升。

但是你知道吗？其实巴西也有自己的飞机制造企业，它的名字叫巴西航空工业公司（Embraer S.A.）。

巴西航空工业公司诞生于1969年，初建时为国有企业，后被私有化。原本是制造巴西军用战斗机的公司，现在主要业务为制造小型民航客机。在这个领域，巴西航空工业公司可以说和加拿大庞巴迪公司一起平分了全球市场的蛋糕。顺便提一下，在大型民航客机制造方面，主要还是美国的波音公司和法国的空客公司分割了市场。

飞机制造是一个技术含量很高的产业。巴西为了培养更多飞机制造方面的专业人才，专门在国立工业大学设立了航空技术研究所。由于巴西航空工业公司原本是国有企业，其更有可能通过国家的力量来推动行业的发展。

巴西航空工业公司民营化之后，将发展中心设定于小型客机生产上。所谓的小型客机，也叫支线喷气式客机，座位在50~100个。因为机型比较小巧，所以在那些滑行跑道比较短的小型机场也能投入使用。

▲ 汽车生产虽然主要依赖海外企业，但……

巴西自进入21世纪后，汽车生产量就一直在增加。2000年巴西全国的汽车生产量只有168万辆，到了2013年已经达到了371万辆。汽车生产量随着国民人均 GDP 的上升也在快速增加。

为了保护国内市场，巴西规定进口汽车和汽车零部件要征收高额的关税。所以巴西国内生产的汽车，大多数都是由外国企业通过在巴西建厂的方式生产的，这就是所谓的"当地生产"模式，其中包括菲亚特、大众、通用、福特等知名的欧美汽车品牌。

巴西的汽车生产主要通过海外企业在巴西建厂的方式进行，而巴西的飞机生产则全部依靠的是本国企业。这点是巴西在汽车和飞机这两个行业上最大的不同之处。

▲ 航空联盟的出现，给市场带来了变化

由于工作的关系，我经常需要坐飞机。每次乘坐日本航空（JAL）班机时，总会听见机内广播播送："欢迎您乘坐寰宇一家（One World）日本航空的班机。"

航空联盟指的是多个航空公司联合起来组成的组织。联盟内的各个航空公司之间可以共享航班代码，乘客也可以通用各个航空公司的里程积分。

通用积分就意味着，你乘坐日本航空积攒的积分，可以在购买其他公司航班时使用。

全球一共有三个航空联盟：星空联盟（Star Alliance）、天合联盟(Sky Team)及寰宇一家（One World）。日本另一家大型航空公司全日空（ANA）就是星空联盟成员。

自从航空联盟出现后，全球的主航道以及支线航道的排布就开始更加清晰起来。这是因为形成了以枢纽机场为中心，各城市机场呈放射状分布的整体线路。

这并不是说所有机场之间都可以实现直接通航，而是各航空联盟根据中心枢纽机场的位置，将各个从周边机场飞向枢纽机场的航班有序地安排了起来。比如某个时间段可以使用小型客机，而旅客集中的时间段就安排大型客机。

由于效率得到了显著提高，所以机场也不再需要像原来那么多的辅助人员，枢纽机场也开始有可能脱离中心城市，建设到更多地方去。

"枢纽"和"辐射线"的形成，极大地提高了飞机的运输效率，也带来了运力的增加。

▲ 欧盟境内对小型客机需求的上升

截至本书完成时，欧盟还是维持了28国体制。因为欧盟境内有申根协议，所以欧盟国家内部人口流动都是自由的。这就使得欧盟境内各种航路更加密集，对小型客机的需求也就增加了。

再加上欧盟境内航空自由化的推进，飞行费用也在下降。1993年通过共同航空政策后，廉价航空需求一直在增长，到2010年为止已经占有了整个欧盟航空市场约40%的份额。

共同航空政策指的是通过引进欧盟内部的通用航空许可证制度，加上废除一些关于机票定价方面的规定，鼓励新航空公司加入的政策。

由于廉价航空的竞争压力，各大航空公司也开始进入价格战，而价格战的结果就是整体飞机票价格的下跌，而低出行费用又反过来推动了航线的增设和整理。

有了这样的市场背景，巴西的小型客机制造自然也开始兴盛起来。

靠 "飞机" 相连的欧洲和巴西

○ 航空联盟诞生以来，
欧洲的各主要航线和支线航线都得到了进一步整理

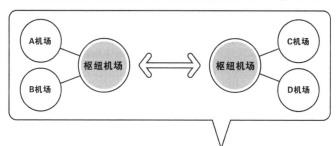

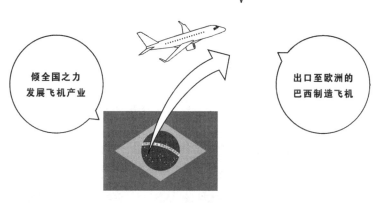

倾全国之力
发展飞机产业

出口至欧洲的
巴西制造飞机

重点

在飞机的供给关系上，

欧洲和巴西达成了一致！

23
支撑中国14亿人口的食物及其面临的危机

▲ 中国人饮食结构的变化与粮食供给

1979年开始，中国实行了计划生育政策，该政策让中国的人口增速放缓，加上近年来中国经济的快速发展，人民生活水准显著提高。这几十年来，中国人的人均卡路里供给量以及脂肪供给量都一直呈上升趋势。

▲ 肉类和乳制品的进口量激增！

下一页显示的是中国人均卡路里供给量、脂肪供给量、蛋白质供给量在这些年间的变化曲线。将1990年的数字定为100的话，在这将近20年的时间里，卡路里供给量达到了当时的1.2倍，脂肪供给量则为1.8倍，而蛋白质供给量为1.5倍。

因此，对于现在的中国来说，食品的稳定供应越来越重要。截至2007年，中国农林水产贸易还一直处于顺差状态，而从2008年开始，则一直处于逆差的状态。

中国的食品状况及贸易

◐ 中国人均卡路里供给量、脂肪供给量、蛋白质供给量

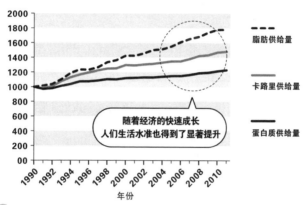

随着经济的快速成长
人们生活水准也得到了显著提升

脂肪供给量

卡路里供给量

蛋白质供给量

◐ 中国农林水产物类贸易变化图表

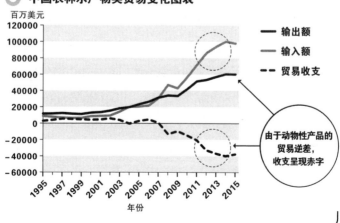

— 输出额

— 输入额

-- 贸易收支

由于动物性产品的
贸易逆差，
收支呈现赤字

形成逆差的主要原因就是动物性产品的大量进口。毫无疑问，中国人的饮食结构发生了巨大的变化。

▲ 中国是世界第一的养猪大国，这意味着什么？

让我们先将焦点放在中国的大豆生产上。中国的大豆生产量虽然不及美国、巴西和阿根廷这三大巨头，仅排名世界第四，但总体来说也是产大豆的大国。

但是从2000年开始，中国的大豆贸易就一直处于逆差状态，这也是中国农林水产品贸易赤字的一个重要原因。

从1990年开始，中国的大豆产量增加了1.5倍，但与此同时，大豆消费量增加到了5倍之多。这中间的差额当然只能通过大量进口来填平。

从1990年开始，中国经济高速发展。一般来说，生活水平的提高会同时带来饮食结构的变化，肉类和油脂类的消费量会增加。

对于中国来说，肉类进口量急速增加的同时，国内的肉类生产量也在一直增加。也许大家不太清楚，中国养殖猪的数量占据了全球养殖猪总数的48.7%。此外，牛的养殖数量排名世界第三、绵羊为世界第二、山羊为世界第一、鸡为世界第一，是名符其实的全球首屈一指的畜产大国。

因此，中国对用作饲料的大豆的需求量也连年攀升。同时，由于对食用油需求的增加，进一步扩大了对大豆的需求。

大豆与养猪的关系

随着生活水平的提高，肉类消费量持续增加，中国成为世界第一的养猪大国。

结果

还想吃饲料……

重点

作为饲料的大豆需求量激增，需要依赖进口

▲ 为什么中国国产大豆更贵?

中国之所以会大量进口大豆，另一个原因就是国内大豆价格的高昂。

中国的大米和小麦在国内的销售价格，基本上和国际水准相当。

但玉米和大豆的国内销售价格均高于国际平均水准，尤其是大豆，远超国际平均价格。2015年全球大豆丰收，国际价格下跌，更使得价格差加大。

生产1千克大豆所需要的水量，基本上等同于1千克大米的用水量。也就是说，大豆生产过程中需要大量的水，如果对大豆的需求增加，那么确保农业用水就会变得更加困难。

随着近年的工业发展与城市化的推进，中国在许多地方已经开始出现用水量增大的情况。工业用水与农业用水、城市用水与农村用水之间关于水资源的分配开始成为问题，因为水资源总量是有限的。

在这种背景下，要扩大大豆生产是非常困难的。所以中国选择了增加大豆进口量，而把本国供应量控制在15%左右。全球每年生产的大豆中，有大约20%都被进口到了中国。

▲ 又是谁在给中国供应大豆呢?

这里我们再提出一个问题：根据2014年的统计，哪个国家的贸易对象国顺序分别是"第一名中国、第二名美国、第三名阿根廷"呢?

答案就是巴西。巴西的最大进口国和最大出口国都是中国,近年来巴西政府与中国政府的关系也越来越紧密。

巴西对中国的出口产品中,大豆和铁矿石占据了约70%的份额。相对于被称为"世界工厂"的中国来说,巴西的主要定位就是原料供给国。同样是原料供给国的,还有大量出口铁矿石和煤炭的澳大利亚。

中国进口大豆的最大提供国就是巴西。中国曾经主要依赖从美国进口的大豆,后来为降低风险,中国减少了美国大豆的进口量,转而进口巴西大豆。

而巴西为了在本国提高产量,根据大豆的成长条件调整了种植环境。巴西使用了经过品种改良后的大豆,将这种大豆移种到气候环境与中国相近的巴西南部,开始了大规模种植。

▲ 依靠日本技术,实现产量百倍增长!

一开始的时候,巴西人将大豆视为小麦种植的后茬作物[1]。但是最适合大豆栽种的南部地区城市密集,无法获得足够宽广的耕地,为了扩大生产只能开发新的耕地。

......

[1] 后茬作物是指在同一块地上当季作物收获后下一季种植的作物。

巴西政府将这项工作作为一项国家计划，从1979年便着手开发稀树草原地区用以种植大豆。稀树草原由于地处热带地区，土壤含有大量铝，呈强酸性，所以开发过程就需要从土质改良入手。

为了改良品种和栽培技术，当时的巴西政府开始与外国的农业组织进行合作，而最后达成合作的就是日本。

这个项目被称为巴西版"绿色革命"。1979—2001年，巴西将原本是不毛之地的稀树草原变成了世界规模的农作物产地。到2010年，巴西稀树草原的大豆出产量比1975年翻了100倍。

2001年中国加入WTO（世界贸易组织），在农产品市场的自由度极大增加。这也使得很多大型农业相关的资本进入与中国相关的贸易中来，进一步增加了巴西对中国的大豆出口。

对于巴西来说，虽然满足了中国的大豆需求，但快速扩大生产带来的大量砍伐造成了大片森林的消失，许多原住民失去了土地，在社会也造成了一定的负面影响。

24
让中国急于投资的坦桑尼亚的潜力

▲ 现在中国最关注的国家，究竟是什么样子？

中国对非洲各国实行了金额巨大的经济援助。

这背后究竟有什么原因呢？

本节我们就来看看中国的对非战略，而其中最值得关注的是近年来获得中国政府大额援助的坦桑尼亚。

实际上，中国对非洲的经济援助从20世纪60年代后期就开始了，最开始的援助项目就是坦赞铁路。

坦赞铁路的主要建设目的，是输送从刚果民主共和国到其南方赞比亚之间的铜矿床地带（紫铜带）出产的铜矿。整条铁路从赞比亚的卡皮里姆波希延伸到坦桑尼亚的达累斯萨拉姆。铁路建设跨时良久，由多个国家协力完成。

1925年，紫铜带被发掘，其所出产的铜矿通过铁路先运抵南罗德西亚（现津巴布韦共和国），再由此运往南非联邦（现南非共和国）。

到了1964年，罗德西亚联邦解散，北罗德西亚宣布独立为赞比亚。1965年，南罗德西亚宣布独立为津巴布韦。但罗德西亚共和国与南非一样，曾经推行种族隔离制度，所以对赞比亚实行了经济封锁。赞比亚从古至今一直作为产铜大国存在，国家对铜经济依赖严重。这种经济封锁对于赞比亚来说是巨大的打击，这也凸显了依赖某单一产业而形成的经济文化的脆弱性。

这样一来，赞比亚就需要一条不经过南罗德西亚共和国的运输线路，坦赞铁路就是在这个背景下开始修建的。中国向赞比亚提供了4.03亿美元的无息贷款，又调派了2.5万名中国劳工帮助建设。这些中国劳工与约5万人的当地劳工一起，于1976年建成了坦赞铁路。

▲ 中国向非洲各国投资的三个理由

中国向非洲各国的援助，其实比我们想象中开始得还要早。虽然比起发达国家来说还有一定的金额差距，但是投资金额近年来也在快速增加。

尤其是相比其他国家，中国在对非投资和贸易方面力度更大。2002年中国对非出口金额仅为50亿美元，到2008年就达到了500亿美元，而我们也经常能看见中国参与非洲资源开发的相关新闻。

实际上，不仅针对有资源的国家，中国对那些没有矿产资源的国家也提供了不少援助。

这背后其实是政治和外交的考量。

中国向非洲提供大量援助的原因

非洲

1. 针对资源开发的投资

2. 获得外交支持

3. 布局开拓非洲市场

简单来说，就是依靠经济援助来换取外交支持。中国企业在非洲的投资行为，也多是基于中国政府的外交策略。

▲ 非洲市场上的中国造汽车

中国对非洲大力援助和投资的背后，还有一个原因就是想要将非洲开拓为自己重要的出口市场。中国现在虽然是世界上汽车产量最大的国家，但是其出产的绝大部分汽车还是在本国巨大的市场内消化。

中国的汽车出口量虽然一直不大，但也一直在增加。2000年汽车出口量仅为出产量的2%，2013年出口比例上升到了4%，而出口数量也达到了95万辆。

虽然中国生产的汽车没有技术方面的优势，但由于价格低廉，在非洲占据了大量的市场份额。

其实中国经济的快速发展也不过是近二十年的事情，很多中国企业在海外市场还没有多少经验。这个时候政府的帮助和支援，无疑是一个巨大的推动力。

▲ 全面发展中的坦桑尼亚

坦桑尼亚获得的所有外国政府的直接投资中，除去原宗主国英国外，就属中国最多。特别是制造业的投资中有70%都是中国资本，而道路和桥梁、天然气管道、港口修建这类基础设施建设，也都是

坦桑尼亚是值得期待的投资地吗？

坦桑尼亚

1. 丰富的矿产资源

2. 人口达到了建国时的5倍

3. 积极引进外国投资

由中国企业承建。

对于坦桑尼亚来说，中国是一个不可或缺的经济合作伙伴。到2014年，中国在坦桑尼亚的出口对象国中排名第四，而在进口对象国中排名第三。

坦桑尼亚与肯尼亚、乌干达、卢旺达、布隆迪、南苏丹等国结成了东非共同体，最终目标是建设一个可以使用单一货币的区域联合体，现在关税同盟的建设已经开始了。

此外，坦桑尼亚与欧盟之间还缔结了经济合作协定，今后的经济成长值得期待。而在这样的背景下，坦桑尼亚也实现了超出撒哈拉以南非洲（除北非外的非洲诸国）平均水平的经济成长值。

坦桑尼亚于1964年建国。建国时仅有约1140万人口，而到了2015年，人口已经达到约5148万。根据联合国统计数据推断，到2050年其人口规模将达到1.4亿人。

近年经济的快速成长带来了人均购买力的提升，加上人口的增加，未来的坦桑尼亚将会是一个非常有吸引力的市场。

而在资源方面，坦桑尼亚不仅矿产资源丰富，还有丰富而低廉的农产品及畜牧业产品。作为东非共同体的一员，坦桑尼亚还可以免关税出口产品到美国和欧盟等。

此外，坦桑尼亚政府对外资引进采取了非常积极的态度，施行了许多外资优先的政策。可以说对于外国资本来说，现在的坦桑尼亚是一个非常优秀的选项。

25
究竟是什么机制造成了贸易顺差下的经济停滞

▲ 拥有丰富资源的尼日利亚

德国气象学者阿尔弗雷德·魏格纳提出过"大陆漂移说",其理论依据就是南美大陆东海岸线与非洲大陆西海岸线的凹凸形状一致,可以嵌合。

南美大陆与非洲大陆、阿拉伯半岛、印度次大陆、澳大利亚、南极大陆都是一整块大陆。冈瓦纳古陆时,尼日利亚的位置应该在现今南美大陆的东北侧边缘。

现在位于南美大陆东北部的委内瑞拉是世界知名的石油产国,同时也是已知原油埋藏量最大的国家。同样位于这一地带的尼日利亚也是产油大国,其石油出产量位居世界第十三位(2015年),也是 OPEC(石油输出国组织)的加盟国之一。

OPEC 成立于1960年,目的是从发掘到销售的各个环节上,保护各产油国的利益。OPEC 成立之后,原本被石油资本巨头控制的国际油价的决定权便转移到了产油国手中。而利害关系一致的产油国集合到一起,也增强了自身对石油供给的影响力。

这种为了本国经济发展而利用本国资源的想法，被称作资源民族主义。

尼日利亚的出口商品中，第一名原油占82.8%、第二名天然橡胶占2.7%、第三名石油制品占2.7%、第四名可可豆占2.2%、第五名天然气占2%。可以说，这是一个压倒性的石油依赖型经济构造。

▲ 围绕着原油而起的内战

尼日利亚曾经经历过惨烈的内战，1967年爆发的比亚法拉战争，就是因原油而起的内战。

尼日利亚最大的油田位于南部的哈科特港地区，住在这一区域的多是信仰基督教的伊博族人。由于附近产油，所以工业化进展较快，与尼日利亚其他地区的贫富差距也越拉越大。

尼日利亚东南部地区为了独占州内资源，实行独立的税收管理制度，1967年5月30日宣布成立独立的比亚法拉共和国。战争开始后，尼日利亚联邦军围攻了比亚法拉，原本只计划短时间解决的战斗，实际上拖延成了长期的战争。

▲ 代理战争与法国的核依赖

当时支持尼日利亚政府军的，包括不想改变殖民地现状的英国（尼日利亚宗主国）与想要强化自身在非洲影响力的苏联。

另一方面支持比亚法拉共和国的则是法国和南非，其目的就是石油，希望在比亚法拉共和国独立后获得优先的石油进口权。法国本身是资源小国，而当时的南非正因为种族隔离政策而遭到经济制裁，对于这两个国家来说，原油是它们做梦都想要得到的资源。

1970年1月9日，这场战争最终以比亚法拉共和国的失败而告终。当时尼日利亚的首都还在拉各斯（现在尼日利亚最大的城市），后来由于考虑首都所在位置正处于民族对立区域，很可能再受到战火的影响，尼日利亚政府最后决定迁都至现在的阿布贾。

而因为这次战争中支持势力的落败，加上1973年第一次石油危机的影响，法国自此对核能的依赖也更深了。

▲ 最大贸易国从美国变成印度

尼日利亚的命运一直掌握在石油手中，即使到了现在，尼日利亚最大的出口商品依然是石油。原本尼日利亚石油的最大出口国是美国，而自从美国开始扩大页岩油气的使用量，对石油进口的需求变小，尼日利亚也不得不改换自己的贸易目标。现在尼日利亚石油的最大出口国已经变成了印度。针对这个变化，2013年4月，尼日利亚石油大臣公开发言表示，"页岩油气的革命，对于OPEC各国来说都是威胁。"

尼日利亚产的石油都是低硫黄原油，原油中硫黄和硫化物的含量较低，是著名的高品质原油。然而页岩油的品质也很好，所以品质并无法成为尼日利亚原油冲击美国市场的因素。

因此，尼日利亚只能加大对印度的原油出口力度。而印度预计在2040年将成为世界上最大的原油进口国，消费潜力还是很高的。

▲ 政情不安定、贫富差距大、多民族间壁垒森严

尼日利亚拥有非洲诸国中最多的人口数量，只要经济水准有所提高，将会是一个很有吸引力的市场。

近年来尼日利亚确实也在行业全方位发展方面下了一定的功夫。石油产业以外的产业开始成长，服务业、金融业、IT 业、制造业等行业出现了增长趋势。

而且尼日利亚原本是英国殖民地，英语为官方通用语言。只要政策安定，相信会有很多海外资本愿意进入尼日利亚，而贫困状况得到一定改善后，其国内市场规模也能迅速扩大。

但实际情况又是如何呢？我们一起来看下尼日利亚在2012年的外贸情况：出口金额为1140亿美元，而进口金额仅为357美元。也就是说，国家并没有将出口赚得的外汇用在进口上。

其中一个原因是政治上的不稳定，而另一个原因则是原油出口获得的财富有很大一部分把持在特权阶层手中，并不知道这些财富最终被用在了什么地方。与这种情况相应的就是，尼日利亚国内的产业培养、社会资本积累、脱贫工作，都没有太大的进展。

由于贫富差距大，所以国内市场也得不到扩张，进口量自然也

无法增加。实际上，尼日利亚有将近60%的人口还处于贫困阶层。

虽然尼日利亚高等教育的水平很高，但由于就业机会不足，很多接受完高等教育的毕业生最终也都陷入失业状态。而另一方面，该国成年人基础教育普及率较低，识字率仅有70%左右，这也在很大程度上影响了社会的进步。

这种贫困状态自然也催生了社会的高犯罪率。尼日利亚现在依然经常会出现武装势力破坏原油设施等恐怖活动，各类政治不安定因素频出。

加上尼日利亚国内居住着200多个（有说法认为是300多个）民族，文化差别导致民族之间壁垒森严。要在这样一个多民族国家维持政治的安定，是一件非常困难的事情。

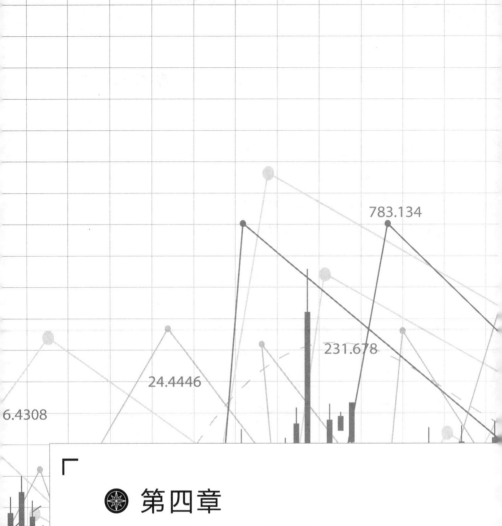

🧭 第四章

人口：预测未来的最强因素

UNDERSTANDING ECONOMICS
A GEOGRAPHICAL APPROACH

783.134

231.678

24.4446

6.4308

24

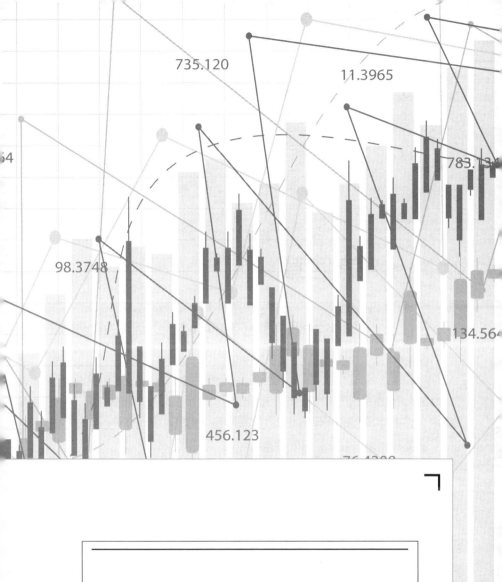

735.120

11.3965

98.3748

783.134

134.564

456.123

本章的主要出场国

日本、爱尔兰、中国、瑞典

第四章

26
为什么土地和资源都不丰富的日本，可以成长为经济大国?

日本一直被称作既没有土地也没有资源的国家。在地理构造上，日本基本没有铁矿石产出，今后发掘的可能性也几乎为零。石油和煤炭等资源也基本上都依赖进口。

日本的国土面积在全球197个国家中排名第六十一，位列前1/3，算是相对来说国土面积比较大的国家。但在大家的一般认知中，日本一直是一个"国土狭小的国家"。

国土面积辽阔，其国土范围内产出矿产资源的可能性就高。日本虽然国土面积不算特别小，却实在是个资源小国。

1582年，耶稣会的亚历山大·范礼安在给当时的菲律宾总督弗朗西斯科·德·桑德的信中就写道："日本是我见过的国家中，最荒凉贫瘠的地方，根本没有什么值得去寻求的东西，但是国民却十分勇敢，加上一直接受着军事训练，所以不是可以征服的国家。"

这封信的意思也就是说，日本不仅是资源小国，国民战斗力还很强，所以殖民化的难度很高。虽然时代变了，现在的情况和当时也不完全相同，但"资源小国"这点却依旧如此。

▲ 重点在于教育水平和人口

那么，这样一个既没有土地也没有资源的国家，为什么可以成为经济大国呢？本节我们就从地理的角度探讨一下。

主要原因有两个：高度的教育水平以及庞大的人口数量。

日本从明治时代 [1] 开始积极引入西方先进的文化和技术，社会开始快速发展。但这个"引入"，其实是有着一定的基础的。

这个基础，就是江户时代 [2] 的教育。

江户时代之所以能拥有较高的教育水平，很大原因在于当时遍布日本全国的寺子屋 [3]。到了江户末期，日本的识字率已经超过了50%。从海外引进的书籍经过翻译，能够供大量日本人阅读。而且当时日本全国都有勤学的风气，大家都将把知识学透弄懂作为一种"美"的追求。

日本不仅是岛国，民族构成也非常单一。因为人口众多，所以每个行业都有许多企业存在。企业之间的竞争自然包括技术竞争，而就是这种竞争推动了整个行业的技术水平的进步。

....

[1]　公元1868—1912年。
[2]　公元1603—1868年。
[3]　寺子屋是日本江户时代寺院所设的私塾，又作寺或寺小屋。

技术要进步，自然离不开研究开发。而企业为了追求更高的技术水平也想要更多高技术、高学历的人才。因此企业推动教育，教育又反过来推动企业的发展。

而保证这些生产出来的工业产品得以售出的，就是国内的人口基数。

▲ 日本并不依靠贸易立国，而是内需依存型国家

如果一个国家是资源小国，人口也稀少，那么基本上只能走"观光国家"这一条路了。只有人口够多（也就是国内需求够大）的国家，才有强大的可能。现在日本的人口约为1.27亿，排名全球第十一名。

实际上，日本的外贸依赖程度只有15%左右。比起贸易立国，说日本是内需依存型国家更为准确。足够大的国内需求量才是经济成长的前提。

但是，现在的日本已经进入了人口递减的模式。这究竟会成为危机还是下一个契机，对今后日本的发展来说至关重要。

人口出生率低下就意味着未来劳动力人口的减少、消费者的减少和纳税者的减少。日本15～64岁可生育年龄段的人口比例，在1992年达到顶峰值69.92%后，连续下降了23年，到2015年仅为60.80%。

这种时候如果国家不出台相应的政策，出生率低下的情况很难改善，也许会给将来的经济发展带来很大的影响。

日本能成为经济大国的两大理由

1.高度的教育水平

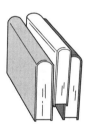

推进技术开发

2.庞大的人口数量

人口数量排名世界第十一位，国内市场足够大

重点

企业间的竞争（技术竞争）给行业带来了活力，从而提高了整个行业的竞争力

27
人口增长不可或缺的两个要素

▲ 从马铃薯饥荒中学习可容纳人口概念

可容纳人口是环境可容纳人口的简称，指的是地球上所能容纳的人口总数，也可作为某个地域内可容纳人口总数的概念使用。

德国地理学者 A. 彭克曾提出的彭克公式，计算出地球上可容纳的人口数量约为160亿。像这样的理论其实每个时代都有，学者大多是根据本时代的技术背景来计算人口容量。

那么，某个地域内可容纳的人口总数都是由哪些因素决定的呢？

答案是就业机会和食物供给。就业机会和食物供给充足，可容纳人口数量就大。就业机会越多，就会有越多的人为了工作而到这一地域定居；而就业机会不足的话，人口就会流向其他区域。

▲ 食物供给量决定人口数量

在现代社会，一般情况下我们无须担心食物供给量。但回顾人

人类发展与可容纳人口

○ 可容纳人口（某一区域内可容纳的人口总数）是由以下两个因素决定的

1.就业机会

2.食物供给量

重点 从历史角度来看，事物供给量决定了可容纳人口

类的整个历史，其实有99%的时期我们都处于获得经济时期。

　　所谓获得经济，指的是直接从自然界获得食物。当然，这种经济模式无法保证每天可以稳定获得足够的食物。只要食物供应不足以支撑增长的人口数，人口就无法持续增加。

　　但是，距今约1万年前，第四纪冰期结束，地球整体开始变暖。以美索不达米亚地区为中心的西亚开始了小麦的生产，人口开始迅速增加。

　　西亚地区由于不是季风通道，年降水十分稀少。靠着底格里斯河和幼发拉底河这两条横穿沙漠、流量充沛的外来河流，才有了灌溉的可能，从而让农耕文明开始发展。有了农耕基础，人口得到增加，文字得以出现，文化开始形成。

　　美索不达米亚属于人类的初期文明发源地，从这里延伸出了两次文明的中心区域，包括古埃及文明和古印度文明。这两个文明之所以能够产生，一是距离美索不达米亚较近，二是有外来河流的存在（埃及的尼罗河、印度的印度河）。

　　农业的出现带来了世界人口的迅速增加，原本全球仅有500万左右的人口，到公元元年已经增长到了2.5亿。

▲ 疫情和税制催生的马铃薯饥荒

　　1845年，爱尔兰由于马铃薯歉收而爆发了大规模饥荒，而歉收的起因是爱尔兰境内种植的马铃薯染上了疫病。

爱尔兰国土面积不大，比日本的北海道还要小一些。由于没有什么矿产资源，所以采矿业也并不发达。

当时的爱尔兰，实质上就是作为英国的食物供应地而存在的。那些肥沃的、产出率高的耕地都被用作牧草地和谷物种植地，而爱尔兰农民只能分配到那些贫瘠的土地。

而马铃薯这种植物，就算在贫瘠的土地里照样也可以生长。加之生长在地底，不用担心被鸟类啄食，可以放心栽种。对于当时只能拥有贫瘠土地的爱尔兰人民来说，马铃薯可以说是上天赐予的作物了。

不仅是马铃薯疫情，当时的税制也是加重饥荒的罪魁祸首。

为了征收更多的税，政府将土地划分成一块块非常小的面积给农民。因为土地面积过于狭小，实际上只能种植马铃薯。

当时还有一条规定，"如果农民1年交不上4英镑的地租，那么亏欠的部分就要由领主承担"。原本政府为了多收地租而把土地分成很多小块，相应领主名下的贫农数量也就增多了。这样一来，等于领主需要支付的税金也变多了。

为了少支付这部分税金，领主就开始逼迫原本已经生活很艰难的贫农退出田地，将他们赶走。

这样的结果就是，饥荒蔓延的同时，后续粮食供应也开始减少，可容纳的人口也越来越少。

当时爱尔兰人口其实已经超过了800万（2015年爱尔兰人口约为470万），这场饥荒至少导致150万以上的爱尔兰人饿死，还有超过100万人离开家乡、远渡美国。

这种由于食物供应不足而导致的人口向其他地域流动的情况被称为"人口压力"。

> ▲ 饥荒过后的爱尔兰

现在的美国其实有很多爱尔兰裔居民，总人数约为3600万人，这个人数比爱尔兰本国人口要多出太多了。在美国的欧洲裔白人中，爱尔兰血统的数量仅次于德国，排名第二。

1990年爱尔兰的人均GDP约为1.41万美元，仅为当时日本人均GDP的一半左右。

但是到了2007年，爱尔兰的人均GDP激增到了6.14万美元，远远超过了日本。

同年美国的人均GDP约为4.81万美元，也就是说爱尔兰已经成为比美国还要"富裕"的国家。

这一切都是怎么发生的呢？

从20世纪90年代开始，爱尔兰开始降低法人税，并鼓励海外企业进入爱尔兰投资。这项政策不仅让爱尔兰的制造业得到了巨大的发展，还带动了金融业和保险业的增长。

爱尔兰人对于当年接收了大量本国饥民的美国抱有很高的好感，所以爱尔兰政府对美国资本也表示出了极高的欢迎度。

这样一个当年因为马铃薯饥荒而导致食物供给量减少，从而造成可容纳人口减少的爱尔兰，现在因为经济成长带来了大量就业机会，又重新让可容纳人口得到了增加。而当年那些因为饥荒而逃亡美国的爱尔兰人的后裔，也开始"回归"爱尔兰这个故乡了。

28
人口大国的共通点——五种农作物

▲ 为什么亚洲的人口会这么多?

我们来看一下大米、小麦、茶叶、棉花、马铃薯这五样产品的生产量：第一名是中国，第二名是印度。

大米、小麦和马铃薯这几样农作物产量高的国家，基本上是中国、印度、美国、印度尼西亚这几国。

这几个国家的共通点——都是人口大国。

大米的生产量，第一名中国、第二名印度、第三名印度尼西亚、第四名孟加拉国、第五名越南。

小麦的生产量，第一名中国、第二名印度、第三名俄罗斯、第四名美国、第五名法国、第六名加拿大。

马铃薯的生产量，第一名中国、第二名印度、第三名俄罗斯、第四名乌克兰、第五名美国。[1]

[1]　以上均为2014年统计数据。

▲ 为什么亚洲盛产大米?

　　季风亚洲地区（受季风影响，夏季降水充沛的东亚、东南亚、南亚地区）生产的大米占全球总生产量的90％，而居住在这个地区的人口也占了全球人口数的55％左右。

　　季风亚洲地区之所以能够成为人口支持力高的地区，很大一个原因就是大米种植的发达。人口支持力指的是供养某个区域内居住人口的能力。

　　如果一个地区完全与外界没有交流，那么其人口支持力就是靠食物生产量或是获得经济中的食物量来决定的。而如果与其他地区有交流，则可以通过交换进口的方式获得更多的食物，那么人口支持力还能相应再提高。

　　亚洲各国基本上都属于国土面积比较辽阔的国家，拥有较容易形成人口增长的平台条件。而且亚洲多流行水田耕种，水田因为常年蓄水，基本上不会发生连作障碍（因为各种原因造成的农作物生长不良的情况，主要包括土壤盐分积聚过多导致的盐害、土壤中病原体积聚过多导致的土壤病害等）。因此，大米成了单位面积土地中产量极高的一种谷物。

　　与之相对，欧洲由于基本上实行的都是较容易产生连作障碍的旱田耕种，人口支持力很难提高。因为连作障碍主要原因就是土壤养分不足，而水田常年蓄水，能够维持一个稳定的土壤环境。

▲ 棉花与人口的关系

前文提到的五种作物中，只有棉花不属于食物。那么棉花与人口的关系又是怎么样的呢？

纺织业，包括纺织原料棉线的生产在内，基本上都是在棉花生产大国才能兴盛的行业。而论棉花生产量，第一名中国、第二名印度、第三名美国、第四名巴基斯坦、第五名巴西。

我们可以看一下这5个国家2015年的人均GDP：中国约为7990美元、印度约为1606美元、美国约为5.68万美元、巴基斯坦约为1357美元、巴西约为8814美元。

日本的人均GDP是3.46万美元，也就是说，按照人均GDP估算，日本一个工人的工资，在中国可供4.3人、印度可供21.5人、美国可供0.6人、巴基斯坦可供25人、巴西可供3.9人的劳动力支出。

除去美国以及地理距离过于遥远会导致运输成本大量上升的巴西，日本企业在中国、印度和巴基斯坦有机会雇用更多的劳动力。

而纺织行业是一个需要大量劳动力的劳动力密集型产业。也就是说，纺织行业发达的话，就会带来更多的就业机会，也能带来人口的增长。

29
人口、GDP、贸易额的综合比拼，到底谁才是最强的国家联盟？

> ▲ 不仅要关注金额，更要关注生产性！

　　世界上存在许多的国家联盟，比如 EU（欧洲国家联盟，简称欧盟）、NAFTA（北美自由贸易协定）、MERCOSUR（南美南部共同市场）、ASEAN（东南亚国家联盟，简称东盟）等。

　　这样的地域共同体的主要优势有以下两点：其一，可以免除或大幅降低互相贸易产生的关税；其二，可以减少除关税以外的各类不必要的成本，包括不必要的手续以及两国间由于法律不同造成的差异等。

　　本节中我们来将全球各主要国家联盟放在一起进行一些比较。从加盟的国家数量来看，EU 为28国（包括宣布脱欧但此时仍在欧盟内部的英国）、NAFTA 仅有3国、MERCOSUR 为6国、ASEAN 为10国。这里简单介绍一下 MERCOSUR。MERCOSUR 建立于1991年，是在巴拉圭首都亚松森成立的国家联盟。加盟国包括巴西、阿根廷、乌拉圭、巴拉圭、委内瑞拉、玻利维亚等6国。此外还有准加盟国6国，包括智利、秘鲁、哥伦比亚、厄瓜多尔、圭亚那、苏里南。MERCOSUR 是以废除地域的关税为目的建立的同盟，于1995年开始正式生效。

▲ 市场规模如何?

首先，我们来比较一下人口数量，而比较人口数量其实就是比较市场规模。[1]

EU	约5.1亿人（约1800万人／国）
NAFTA	约4.8亿人（约1.6亿人／国）
MERCOSUR	约3.0亿人（约5000万人／国）
ASEAN	约6.3亿人（约6300万人／国）

市场规模，简单来说就是国民人均购买力乘以人口总数。比如印度虽然人口众多，但是平均购买力低下，中产阶级人数不够。不过因为印度人口基数庞大，所以即使人均消费力相对不足，从总体上来看市场规模也可与美国媲美。

▲ ASEAN 的生产性

GDP（国内生产总值）可以从某种程度上表示一个国家的经济规模。我们看下页就能发现，EU 的贸易额总和远超其他国家联盟。

....

[1]　均为2015年的数据。

从GDP与贸易额的关系解读市场

GDP

EU	=	16,229,464百万美元
NAFTA	=	20,641,864百万美元
MERCOSUR	=	3,477,763百万美元
ASEAN	**=**	**2,44,472百万美元**

贸易额（出口额与进口额的总和）

EU	=	13,361,736百万美元
NAFTA	=	7,21,695百万美元
MERCOSUR	=	1,051,362百万美元
ASEAN	**=**	**3,071,636百万美元**

虽然ASEAN的市场规模看起来比较小

贸易额（对比GDP）

EU	=	83%
NAFTA	=	35%
MERCOSUR	=	30%
ASEAN	**=**	**126%**

重点

由于积极应对海外需求，

所以相比GDP，ASEAN贸易占比更大

而只有3个加盟国的 NAFTA，由于美国的贸易额非常庞大，拉动了整个国家联盟的贸易额。

这样横向对比就能看出，ASEAN 的市场规模相对还是小的。

但是我们也可以换一个角度来观察。比如看贸易额对 GDP 的比重，只有 ASEAN 的比例超过了100%。这就意味着，ASEAN 各国都采取了积极应对海外需求的经济体制。

在竞争对手众多的国际市场上，为了提高自己的国际竞争力，ASEAN 各国均采取积极应对海外需求的经济发展战略，这是非常行之有效的，今后相信也会有积极的作用。

此外，ASEAN 境内总人口高达6.3亿。只要每个人的购买力提高一点，区域内需求就能有很大的提高，从而形成极有魅力的大市场。

作为 ASEAN 加盟国之一、曾经由军政府掌权的缅甸，自从政情稳定之后，海外投资也日渐增加。缅甸原本就生产天然气，能源产出丰富，还拥有5400万人口。自2010年开始，就已经有日本企业在缅甸投资建厂了。

2015年起，ASEAN 开始在内部推行 AEC（东盟经济共同体），旨在推动区域内国家经济的进一步增长。

30
为什么日本人都涌向东京？

▲ 平原的重要性

可容纳人口是由食物供给量与就业机会决定的。之所以日本人都涌向东京，正是因为东京有足够的就业机会。

2015年东京的人口数，中心23区约有940万人，周边的东京都区部约有420万人，总共的居住人口约为1360万人。如果把附近的神奈川、千叶、琦玉三县都算进来，按照"一都三县"的规模计算，总人口可以达到3000万左右，是日本最大的市场。如果要考虑日本国内需求，那么东京是首先需要考虑的区域。

从地理的角度来看，东京之所以可以聚集如此多的人口，有两个原因。

首先，东京位于沿海地区。日本几乎所有的资源都是依赖海外进口的，所以越是深入内陆，其运输成本就越高，对开展事业也就越不利。实际上，日本几乎所有的工业带也都位于沿海区域。

为什么东京能够发展起来？

1 位于沿海地区

便于石油、煤炭等资源的输入

2 有广阔的关东平原

人员与物资的交通运输方式比较发达

▲ 关东平原的支撑

还有一个原因就是城市背后广阔的腹地。所谓腹地，指的就是受到城市或港口等辐射影响的经济圈。

打开日本地图可以清晰地看到，关东平原是日本最大的平原地带。

我们说的平原，一般指的是海拔200米以内的土地。在这样的平原地区，一般各类人员与物资的交通运输方式都比较发达（河流交通、道路交通、铁路交通等），容易形成大都市。对于大都市来说，广阔的平原就是它广阔的腹地，而支撑起东京的就是关东平原这个平台。

反之，山脉纵横的区域一般来说交通很难发达，人们的往来交流也就不够活跃。这些地区经济圈较小，腹地也就相对较小。

▲ 东京、大阪、名古屋的共同点

日本三大都市圈的中心城市分别是东京、大阪、名古屋，它们有几个显著的共通点。这个共通点指的是它们的地形特征，它们都位于洪积高地或冲积平原上，而且面朝大海。这里的高地，指的是平原上比周边地势高出一部分的平台状地区。

洪积高地指的是海底地层上升而形成的平台状高地，因此地层构造牢固。

冲积平原指的是因为河流冲积带来的泥沙等物质而形成的平原，一般地层都相对柔软。

历史上，东京、大阪、名古屋都有庞大的城郭。城郭指的是为了提高城市美观度和防御能力而建造的周边城防建筑，日本古时将其称为"城"。

江户城[1]建在武藏野平原东侧，大阪城建在上町高地北侧，而名古屋城则建在热田高地西北侧。

把这些城防建在高地上，是因为在高处可以更方便观察周边，及早发现来犯的外敌，从而及时迎击。而且这些城郭都背靠高山断崖，保证了外敌无法从背后入侵。此外，建在高地的尽头也是为了让城郭看起来更有威严，有向周围势力示威的作用。

此外，冲积平原都拥有一个陆上岸带。这个区域水浅浪平，大型船舶无法靠近，更方便进行军事防御。日本镰仓幕府的根据地镰仓就因为拥有陆上岸带，导致敌人无法利用船只从海上发动攻击。

在这种地理背景下，以东京、大阪、名古屋为中心，各个港湾城市也逐渐发展了起来。其中比较著名的就是同样水深较浅，同时由于海峡作用导致风浪平静的港口城市横滨和神户。

▲ "下町"与"山手"究竟有什么区别？

城郭下方一般工商业都比较发达，在此基础上形成了繁华的城

---

[1]　东京旧称。

下区域，然后以此为基础慢慢形成大都市。所以日语中称最初形成城市的区域为"下町"，也就是"下城区"。

与"下町"对比的，则是位于洪积高地上的"山手"（即上城区）。

拿东京举例，东京的"下町"有日本桥、京桥、神田、深川、浅草等地，而"山手"则有鞠町、麻布、赤坂、本乡、小石川等地。

到了明治时期，由于日本人口急速增加，东京的城市范围也就从上城区开始向武藏野方向扩张。

纵观东京的城市发展史，就是下町、山手、郊外的发展顺序。

人们会来到东京，根本原因就是东京的可容纳人口量大。而东京之所以可以容纳这么多人口，其秘密也就隐藏在城市的地理平台中。

31
少子高龄化的日本社会

▲ 日本现在面临的大问题

少子高龄化，是现在日本社会面临的一个重大问题，但其实很多人并没有真正理解少子高龄化意味着什么。

所谓的少子高龄化，指的是由出生率过低而造成的人口老龄化现象。所以一定是先有出生率过低，然后才有高龄化现象。青少年人口（15岁以下）比例下降，老年人口（65岁以上）比例上升，高龄化进程加快。

▲ 少子高龄化产生的机制

高龄化绝不是突然之间发生的。

也不可能某一天，突然从国外移民来几百万名老年人。

一定是先出现出生率的下降。出生率是用15～49岁育龄妇女的年龄别生育率乘以平均一名女性一生之中共生育多少孩子计算所得。

人类都有自己的父母。父母去世就是减少了两个人口，而如果这对父母生育了两个孩子，那么正负相抵，总数维持不变。但是世事无绝对，总会有孩子先于父母去世的悲剧发生。所以为了维持人口总数不变，理论上出生率起码要保持在2.1以上。

1947年，日本的综合出生率达到了4.57。除了1961、1962、1966这三年由于日本人对生肖的迷信思想，导致出生率下降到了1.58左右以外，1947—1974年，日本出生率几乎一直高于2.0。

从第二次婴儿出生高峰期后的1975年开始，出生率就低于2.0。1989年的出生率为1.57，比崇尚迷信的1966年还低。2005年的出生率更是降到了1.26，刷新了历史最低纪录。现在日本的出生率虽然略有恢复，达到1.45左右，但是远远达不到维持人口总数的程度。

少子化的理由很复杂，包括女性高学历化带来的社会活动的增加以及未婚女性的增加、女性晚婚化倾向的增加等。晚婚一般也就意味着晚育，而晚育也就意味着生育总数的下降。

此外，结婚和生育观念的变化、年轻劳动者人群收入的停滞、育儿年龄段男性的长时间劳动等，都是少子化产生的原因。

尤其是《广场协议》之后，日本企业开始积极向海外投资建厂，导致本国出现了产业空洞化现象，这更加速了少子化。

▲ 少子化和高龄化间的时间差

高龄化与少子化一样，都受到了时代的影响。

医疗技术的发展带来了平均寿命的延长，这也是高龄化的一个重要原因。

也正因为如此，少子化和高龄化之间其实是存在时间差的。像韩国其实比日本面临更严重的少子化问题，但是韩国社会现在的高龄化危机还并不明显。

而日本已经先于世界上其他国家，首先进入了人类从未经历过的高龄化社会。

32
源源不断带来高端人才的瑞典移民政策

▲ 如何才能填补劳动力不足的空缺？

　　站在国家的立场，要想提高GDP只有两个办法：增加人口与提高国民平均GDP数值。但是短时间内要增加人口是不太可能的，所以比较现实的方法还是提高国民平均GDP。比如瑞士、比利时、丹麦这些人口小国都在医疗行业投入了很大财力，在这三个国家的出口统计中，医药品占据了很大的比重。

　　和瑞士一样，北欧各国在世界范围内也属于人口稀少的国家。

　　一般我们说到北欧，指的就是冰岛、丹麦、挪威、瑞典、芬兰五国。再广义一些的北欧，还包含爱沙尼亚、拉脱维亚、立陶宛这波罗的海三国。

　　从人口上来看，冰岛约33万、丹麦约570万、挪威约519万、瑞典约980万、芬兰约548万、爱沙尼亚约132万、拉脱维亚约198万、立陶宛约290万。[1]

---

[1]　均为2015年数据。

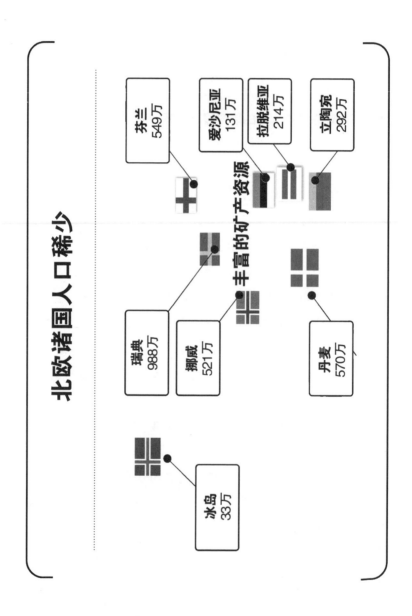

这就意味着，北欧诸国的国内市场规模都很小，要发展经济的话，比起内需（国内需求），应该更优先扩大外需（国外需求）。

而为了提高自己的国际竞争力，北欧诸国在科研开发方面的支出都占了较高的 GDP 比重，都努力发展知识密集型的尖端技术产业。

人口少就意味着可以更迅速地转换产业构造，而产业构造的转换就意味着就业构造的变化。北欧各国在20世纪70年代时都还是制造业占比较高，到了20世纪90年代，先进技术行业的就业人数就已经超过了传统制造业。

此外，北欧诸国的平均青少年人口比例为17.3%，老年人口比例接近20%（19.9%），是高龄化程度较高的社会。

▲ 北欧"硅谷"的成功案例

从瑞典首都斯德哥尔摩市中心出发，乘地铁约15分钟就能到达一个叫西斯塔的地方。西斯塔原本是军队驻扎地，从20世纪70年代开始有企业在这里建厂，第一批进驻的企业中就有研究 IT 和无线技术的通信器材品牌爱立信（Ericsson）。

1988年，爱立信成功开发了第二代移动通信系统 GSM（global system for mobile communication）。现在全球多个国家都在使用 GSM 技术，GSM 实际上已经成为无线通信领域的世界标准技术。

爱立信也曾短时间进军过移动通信终端设备的制造，但是很快就在与邻国芬兰诺基亚（Nokia）的竞争中败下阵来，只好回归本业，专心推进自己的通信事业。

　　不仅爱立信，包括 IBM 和微软等高新技术公司都在西斯塔建立了自己的基地，还在瑞典皇家工科大学和斯德哥尔摩大学建立了研究机构。西斯塔也因此被称为"北欧的硅谷"。

　　也正基于以上原因，瑞典移民中被称为高端人才的技术类移民占比非常高。

> ▲ 北欧诸国为什么互联网普及率特别高

　　瑞典国土面积比日本还大，人口却不到1000万。因此人口密度很低，每个聚居区之间的物理距离都很大。若在这些聚居区之间铺设电线，动辄就是几十千米的长度，成本非常高，而不需要线路的互联网自然成了人们主要研究的对象。

　　正因为如此，北欧诸国互联网普及率都很高。

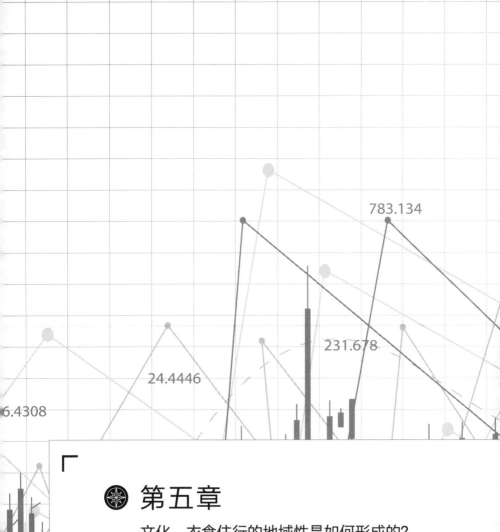

783.134

231.678

24.4446

6.4308

24

第五章

文化：衣食住行的地域性是如何形成的？

UNDERSTANDING ECONOMICS
A GEOGRAPHICAL APPROACH

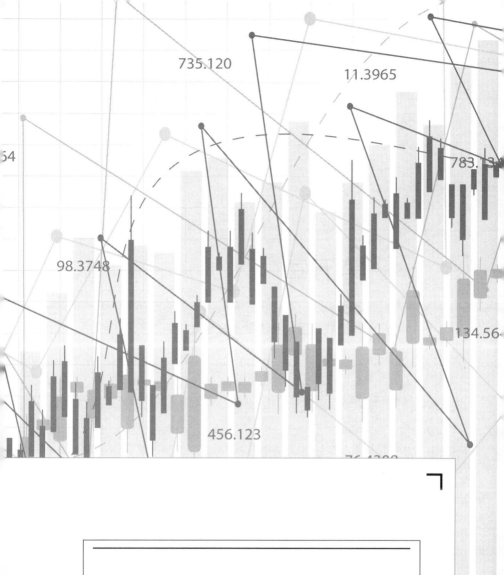

735.120

11.3965

54

783.

98.3748

134.56

456.123

本章的主要出场国

新加坡、德国、英国、新西兰、印度

第五章

33
新加坡的强大秘诀是友好相处

> ▲ 既没有资源，也没有土地，该怎么办?

新加坡的人均 GDP 为5.29万美元（排名世界第十），人均国民总收入为5.21万美元（排名世界第十七），这两项指标都比日本还要高。

而从这两项指标中也可以看出，新加坡完全够得上发达国家的标准。本节我们就来看看新加坡的经济究竟强在哪儿。

> ▲ 和日本一样，都是资源小国

新加坡的国土面积与东京都特别行政区（中心23区）相当，属于国土面积非常狭小的都市型国家。因此国土境内基本没有矿产资

"迷之国度" 新加坡

新加坡的面积

东京特别行政区的面积

新加坡国土狭小

矿产资源　水资源　农耕地　全都有限

→ 那么，该如何发展呢？

源产出，也没有广阔的农耕地。

加上新加坡境内没有高山，所以也没有什么河流形成（河流基本上都是从高处流向低处才能形成），水资源也不丰富，现在新加坡的水还要从马来西亚进口。

但庆幸的是，新加坡位于北纬1度地区，基本就在赤道下方，所以几乎不会受到台风的影响。在新加坡附近的菲律宾就是一个很容易受到台风影响的国家，历史上多次因为台风带来巨大的经济损失。可以说"不受台风影响"，是新加坡经济得以发展的一个平台条件。

第二次世界大战中，新加坡成为日本的殖民地。日本战败后新加坡重新划归英国殖民地，到1963年与马来西亚结成了联邦。

但是联邦政权并不稳定，一心要推进马来人优待政策的马来西亚中央政府与想要推进各人种平等政策的人民行动党之间产生了尖锐的矛盾。1965年，新加坡被马来西亚联邦政府舍弃，独立建国。6年后，马来西亚正式推进了以马来人优先为中心的新经济政策。

▲ 关键在于友好相处

没有土地，也没有资源，这样的新加坡却走出了自己独特的经济发展道路。

新加坡国民中有3/4都是华裔，但新加坡却没有优待华裔的政策。

机场的指示牌也秉承了友好相处的原则

新加坡樟宜机场的指示牌上，最大的字符是英语，此外还有汉语、马来语、日语标示

在新加坡，华裔以外的马来人、泰米尔人（印度裔）都是完全平等的。其中一个突出的表现就是：华裔使用的汉语、马来人使用的马来语、泰米尔人使用的泰米尔语都是新加坡的官方语言，完全没有任何偏颇。此外，英语也被定为官方语言。

正因为将所有主要民族的语言都定为官方用语，所以新加坡几乎不存在尖锐的民族矛盾，是一个政情非常稳定的国家。

把英语定为官方语言，其实是为了让原本不同母语的各个民族能有一个共通的语言，这可以说是把友好相处的国策贯彻始终了。

这两点已经足够吸引海外投资了。

也因此，民族问题在新加坡是非常敏感的话题，一旦有人传播引发民族矛盾的言论，就会遭到法律严惩。

▲ 政情虽安定，资源却不足

新加坡虽然政情安定，但一直苦于国土狭小，毕竟全国的面积只和东京中心地区差不多大。

由于原本狭小的国土早已被开发完毕，新加坡几乎没有什么原生林。而经济成长带来的就业机会的增加，又造成了可容纳人口规模的进一步扩大。结果就是，狭窄的国土上人口密度趋近饱和。

在如此狭小的国土上发展农业是几乎不可能的事情。前文我们提到日本与新加坡的经济协定时也说过这个问题，农业状况不同是两国得以合作的基本前提。

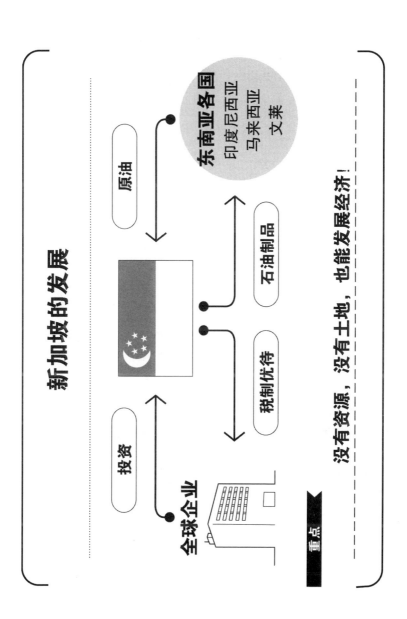

因为国土狭小，所以没有资源出产。但新加坡的周边国家，包括马来西亚和文莱都是产油国。新加坡就从这些国家手中购买原油，加工成各类石油制品后再出口海外，这深化了一套加工贸易的经济体制。

不仅如此，新加坡还以税率低闻名。对于外国企业来说，低税率是吸引其到新加坡投资的又一个重要诱因。

▲ 新加坡的资源就是人

新加坡的资源就是人。和瑞典一样，人口小国如果想要发展经济，那么最先需要解决的就是人才培养问题。

也正是因为人民教育水平的提高，才让政情得以持续稳定，而政情稳定又让观光业和金融业得以长足发展。加上不受台风影响，这也使得新加坡的经济可以平稳向前。

新加坡就是这样，靠着友好相处的国策，推动了国家的经济发展。

34
香肠、马铃薯和啤酒是上天赐予的宝物

▲ 地处冰蚀地带的德国人的智慧

德国有句谚语，"不能用马铃薯做出一整套大餐的姑娘，不是合格的新娘"。马铃薯是德国人餐桌上永远不能缺少的食材。

人们的衣食住行总是会根据当地的自然条件最终形成最合适的形式。比如在水资源丰富的地区就会形成大米栽种和酿酒文化，而在降水稀少的地区人们就会住在石头砌成的房子里。

欧洲北纬50度以上的地区，在距今2万年的大冰期曾经被大陆冰河覆盖。由于长时间受冰河侵蚀，腐殖层薄弱，土壤中养分不够，不能进行大规模的小麦种植。

而要说到什么作物可以在贫瘠的土地中生长，就要提到马铃薯了。德国由于国土中央部分穿过北纬50度线，所以从古代开始就有种植马铃薯的历史。

▲ 为什么马铃薯会在欧洲广泛种植?

马铃薯的原产地在安第斯地区,位于现在的秘鲁和玻利维亚之间。刚开始被带入欧洲时,由于外形不好看,欧洲人并不爱吃。

但此时出现了一位极力推广马铃薯的重要人物——第三代普鲁士国王弗里德里希二世(1712—1786年)。

当时的普鲁士国土从现在的德国北部一直到波兰西部,幅员辽阔。由于德国土地贫瘠,弗里德里希二世就奖励那些栽种马铃薯的农民,自己也每日食用马铃薯,为国民做表率。

国王大力推行的结果就是,不仅德国,丹麦和波兰也都形成了食用马铃薯的习惯。

此外,欧洲从古代开始就有养猪的传统。猪被称为"天然的清扫机",基本上什么都能吃。养猪的活非常简单,让猪自己在家附近吃吃杂草就行。而且猪每次生产都能生10～15头小猪,产出率极高。对于古代的欧洲人来说,猪肉是非常重要的蛋白质来源。

▲ 马铃薯与猪肉的文化关联

人们吃马铃薯的时候都会把皮剥掉,剥下来的皮除掉淀粉质就可以成为猪的饲料。在寒冷又贫瘠的德国北部地区,人们自古以来就拿马铃薯皮喂猪。

在德国北部，由于古代属于冰蚀地带，气候十分寒冷，所以一直有栽种耐寒的大麦、黑麦和燕麦的传统，而这些都是酿啤酒的原料。

吃着香肠和马铃薯，喝着啤酒，德国之所以会形成这样的饮食文化，根本原因还是大自然赐予了德国独特的发展平台。

德国北部地区土壤贫瘠，气候寒冷，原本是不适合进行农业耕种的区域。特别是冬天，几乎没有任何产出，在此居住的人们到了冬天就会陷入食物不足的困境。因此，就需要研究如何长时间地保存食物。现在德国代表性的食物中，有一类是用醋等腌制的肉、鱼、蔬菜，被称为 Marinade，还有腌白菜、香肠等，都是为了长时间保存而制作出来的。

而说到德国的啤酒，就要提到德国法律对啤酒的定义，只用啤酒花、麦芽、水和酵母制作而成。而德国人制定这样的啤酒法令，还要追溯到16世纪。

当时制定这条法令，主要目的是保护原本就很珍贵的小麦，不让人们直接拿小麦来酿造啤酒。后来法令规定渐渐成了习惯，而现在德国全国有1300所酿造厂，超过5000种啤酒都是按照这个规定酿造的。

不过德国也有另一种以小麦为原料的啤酒，被称为威森啤酒。"威森"在德语中原本就是小麦的意思。这种啤酒在德国南部，特别是以巴伐利亚地区为中心的区域很是流行。

你明白这里面的原因了吗？德国南部原本并不是冰蚀地带，土壤肥沃，可以种植小麦；德国北部为冰蚀地带，土壤贫瘠，只能栽种大麦。所以历史上德国北部地区小麦珍贵，而南部地区则一直有种植小麦的传统。这就造成了北部地区的啤酒以大麦为原料，而南部地区的啤酒以小麦为原料。

这就是威森啤酒诞生的平台。

现在德国啤酒令的内容早已改动，虽然基本原料没有什么变化，但是威森啤酒已经可以公开生产了。

35
为什么英国菜会被说难吃？

▲ 原因有三：贫瘠的土地、绅士风度、工业革命

一提到英国菜，你能想到什么？

"英国菜有什么好吃的吗？"

相信有很多人都是这么想的。

其实英国人是经常吃牛肉的，英语中还有句俗话叫"No meat, no life"[1]，英国人确实蔬菜吃得很少。

英国所在的地区曾经也是冰蚀地带，所以土壤中腐殖层薄弱，营养不足，土地贫瘠。蔬菜中也就马铃薯还比较容易栽种，其他蔬菜的种植难度都比较高。特别是以前，进入冬天后英国人就要面临蔬菜不足的困境。所以英国人曾经将爱尔兰当作殖民地，依靠爱尔兰为自己生产农作物。当时的爱尔兰人，实质上就是英国人的农奴。

现在英国虽然实行的是君主立宪制，但曾经也有过一段共和国

[1] 没有牛肉就没有生命。

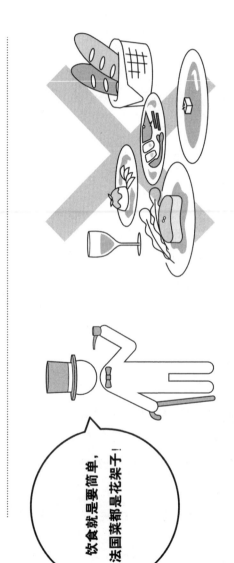

英国菜和绅士的关系

从16世纪到20世纪初的英国统治阶层

饮食就是要简单，法国菜都是花架子！

时代。那是清教徒革命后，奥利弗·克伦威尔出任英吉利共和国护国主的时代，当时英国的统治阶层被称为"绅士"。

绅士阶层属于尊严很高的统治阶级，在服装、礼仪、饮食习惯等各个方面都要突出自己绅士的特殊身份，要与别的阶层不同才行。

尤其在饮食方面，强调"绅士从不暴饮暴食，只喜欢简单朴素的餐食"。

他们的餐桌上一般只有寥寥几种餐食，肉也只简单烤一下就吃，连汤都很少见。在统治英国将近400年的时间里，绅士阶层对饮食几乎就不曾感兴趣过，这就给英国菜的发展造成了致命的打击。再加上法国大革命后，英国与法国对立，这导致英国国内对法国文化非常排斥。

▲ 工业革命造成了事态的进一步恶化

18世纪后半期，英国爆发了工业革命。工业革命的开始，机器工业得以推广，大批量生产得以实现，城市里的工作机会得以大幅增加。

城市就业机会的增加导致了可容纳人口的扩大，大量人口开始从农村流向城市。

结果就是英国的各个城市（尤其是伦敦）人口过密。城市人口过密导致了各种城市问题的出现，后来英国社会活动家霍华德"田园城市"的构想，就是在这种背景下提出的。

农村人口还可以自给自足，而城市人口基本上只能靠去店里购买食物才能生活。那些收入不高的人群就无法获得像样的食物，加上工作强度非常高，大量居民开始营养不良。

19世纪后期，捕鱼法出现了。渔获量增大，开始有鱼类在城市中销售。英国现在最流行的炸鱼和炸薯条套餐也就是那个时候出现的。

这种食物在我们现在看来只不过是快餐食品，但对于当时那些收入低下的人们来说，炸鱼和炸薯条是难得的美味。

另一方面，绅士阶层还在继续推行他们的绅士精神。

文化是自上而下传播的。作为英国统治阶层的绅士阶层的这种喜好，自然会波及全国，从而影响整个英国饮食文化的发展。

英国还有一种"帮佣文化"。年轻人在进入社会之前，先离开家到别人家做帮佣，以此作为自己进入社会的准备。

既然是帮佣，当然也要帮主人家烹饪食物。但是初出茅庐的年轻人，又能有几个人厨艺好呢？所以，我们常说的"从小到大的味道"，在英国很难继承下来。

我们说的英国菜难吃，背后其实是有这些经纬的。

36
领先全球的新西兰奶农

▲ 富饶的大自然与社会的大力支援

大家知道新西兰的出口商品中，哪种占比最大吗？

答案是奶酪和黄油这类乳制品。新西兰的乳品行业非常发达，与园林农业和畜牧业齐名。

要了解新西兰乳品行业发达背后的平台，先让我们来了解一下什么是乳品行业。

所谓的乳品行业，指的是饲养牛羊等牲畜，以获得牛奶、奶酪、黄油等乳制品为目的的农业。工业革命之后，乳品行业在整个欧洲得到了快速发展。

工业革命中，蒸汽机车和蒸汽船的发明使得相隔遥远的两个地方之间的短时间、大批量运输成为可能，大量低价的谷物可以从新大陆源源不断地运往欧洲。

大量低价的谷物进入欧洲，对欧洲农民是非常大的打击，这也就逼迫着他们改变自己的经营模式。于是有的人开始以肉类销售为主，有的人开始以蔬菜和花卉销售为主，而有的人则开始以乳制品销售为主。

尤其是在北纬50度以北的冰蚀地带,虽然土地贫瘠,无法种植什么作物,但夏季凉爽,非常适合放养奶牛,最典型的就是德国北部、丹麦、波兰等地。

还有一点很重要,就是乳品行业与近郊农业的关系。所谓近郊农业,指的是在城市近郊发展的农业模式,其目标市场自然就是靠近自己的城市。近郊农业除了能减少运输成本,还能缩短运输时间,从而最大限度地保持产品鲜度。

▲ 新西兰"过于"优厚的自然环境

新西兰气候温暖,降水量充沛,一年四季牧草茂盛。新西兰国土面积的42.1%都是农地,其中91.8%又为专门的牧场和牧草地。

牧草茂盛就意味着牛羊不再需要别的饲料喂养,只要圈起一块足够大的牧草地即可,既不用像一般的养殖场那样兴建大规模的牛棚等设备,牛羊排泄的粪便又可以成为牧草的天然肥料。不过近年来为了提高牛的泌乳量,新西兰奶农也开始给牛喂养一些牧草以外的饲料,在经营上做了一些改善。

新西兰年降水量非常平均,没有特别干旱的季节。所以一年四季牧草都可以生长,不存在由于土壤水分不足而导致形成不毛之地的风险。

像这样几乎不需要费什么人力就能完成的农业经济模式是非常

罕见的，不仅经营成本很低，从业者的劳动时间也很短。

而这些优势，都是新西兰乳品行业得以发达的平台。

新西兰的国民年平均收入为4.31万美元（2012年），属于相当高的水准。但新西兰全国人口仅为441万人，国内市场规模很小。因此，新西兰的农业经营模式以出口导向型为主。

除了乳制品，新西兰的园艺农业和畜牧业也都很发达。羊的养殖数量达到了3079万头，是人口数量的6.7倍。新西兰也是世界上最大的羊肉出口国，占据全球羊肉出口量的36%。再加上排名第二的澳大利亚，两个国家就占了全球羊肉出口的68%。此外，牛的养殖数量也达到了1018万头，是人口数量的2.2倍。

肉类是新西兰重要的出口商品。自从1882年冷冻船投入使用后，由于可以保持肉类的新鲜度，新西兰便开始了自己的肉类出口生意。

▲ 我们可以从新西兰模式中学到什么？

前文我们提到，新西兰可以以很低的成本经营乳品行业。乳品业利润高，自然就有很多年轻人想要进入这个行业。

但是就算想进入这个行业，却很难在短时间内拿到大片牧场。这种情况下，新西兰的年轻人就开始向年纪比较大的经营者租借土地，自己靠着租来的牧地开始事业。虽然一开始利润要与土地所有者共享，但是在这个过程中自己既学到了技术，又积累了资金，等到自己有足够的实力购买一块牧场，就可以正式独立了。而等到自己年纪大了，又可以把手头的土地出租给年轻一代继续放牧。

这样形成的世代传承，是一个产业得以可持续发展的重要条件之一。一些国家出现产业断层，很多时候都是由于传承出了问题。

年轻人刚进入社会，难免迷茫，有时也会碰壁。而未来正是由年轻人创造的，所以社会需要给年轻人必要的扶持和帮助。

我们可以从新西兰模式中学到的，也许正是这样的认识。

37
美味的葡萄酒是"天气"酿造的

▲ 葡萄酒的生产地及其由来

大家都喜欢葡萄酒吗？我个人最喜欢的就是德国产的白葡萄酒。

葡萄酒的生产，最适宜的温度在年平均气温10~20℃。北纬30~50度、南纬20~40度被称为葡萄酒酿造带，著名的葡萄酒产区都集中在这两个区域内。

而制作葡萄酒的原材料葡萄，和橄榄、橙子、柠檬、樫木一样，在地中海气候下生长最好。

所谓地中海气候，指的是夏季高温干燥、冬季温暖湿润的气候条件。这种气候主要集中在欧洲地中海周边区域，所以被命名为地中海气候，属于温带气候中的一种。

在这种气候条件下发展的农业模式被称为二圃制农业。之所以称"二圃制"，指的是将整个圃园（农场）划分为冬作地与休耕地两块。

由于地中海气候冬季温暖多雨，所以也能进行农作。很多地方都会在冬天种植小麦，称之为冬小麦（秋天播种，越冬后次年夏天收获）。

　　然而进入夏天后，由于干燥少雨，反而很难再进行农耕活动。而且冬季的耕种已经耗费了土壤中大量的水分，为了给土壤积聚水分，一般夏天都会休耕。

　　刚开始的时候人们只是简单地休耕，后来渐渐在休耕地上放牧山羊。绵羊和山羊这类家畜对食物要求不高，不需要太多饲料，对于植被不多的干燥地带来说是非常重要的家畜。

　　其实也是因为这个原因，多居住在沙漠地带的伊斯兰教徒就经常食用羊肉。

　　放牧家畜时家畜会排泄粪便，这些粪便进入土壤，有增肥土质的作用。这样一来，到了秋天，土地肥沃了，降水增多了，也就可以播种了。

　　除此之外，由于地中海气候夏季阳光强烈，人们也就开始在夏天利用充沛的阳光栽种果树。

▲ 地中海气候下葡萄繁育的理由

　　果树种植并不适宜在水资源特别充沛的地区。土壤中水分充足的话，果树的根就会从土壤中吸取过多水分。而为了控制水分，保证果实甜度，种植在相对缺水的环境中反而会比较好。在扇状地貌[1]区域果树栽种一般比较发达也是这个原因，扇状地貌的中央部由于冲积的关系高起，一般不会有河流直接经过。

也是这个原因，果树栽培在地中海气候地区非常兴盛。包括葡萄、橄榄、橙子、柠檬在内的许多水果，在地中海气候区域都是高产作物。

全球范围内的地中海气候区域都有哪些地方呢？按国家来划分的话，有法国、意大利、西班牙、阿尔及利亚、南非、澳大利亚、美国和智利。

看到这个名单大家也许就能注意到，这里面有很多都是著名的葡萄酒产国。其中美国由于国土广阔，只有加利福尼亚州周边地区属于地中海气候，而美国90%以上的葡萄酒就产自加利福尼亚州。

葡萄酒大都产自地中海气候区域。

记住这点，下次喝葡萄酒的时候就能多一个小知识了。

---

[1]　扇状地貌也被称为冲积扇，指的是河流出山口处的扇形堆积体。

38
牛肉出口量全球第一！支撑印度的"牛"力

▲ 爱吃牛肉的印度人

我们是不是经常听人说，印度人由于多信仰印度教，所以不吃牛肉？

印度教为多神宗教，信奉三神一体。这三神指的是梵天（创造之神）、毗湿奴（维持之神）和湿婆（破坏之神）。

其中湿婆的坐骑就是一匹叫南迪的白色公牛。因此印度教徒将牛视为圣物，是禁止宰杀食用的。

▲ 印度人中有10%以上的伊斯兰教徒

印度究竟有多少印度教徒呢？

印度宗教的主要构成为：印度教约占80.5%、伊斯兰教约占13.4%、基督教约占2.3%、希克教约占1.9%、佛教约占0.8%、耆那教约占0.4%……同样是印度人，大家信仰的宗教却不尽相同，其中印度教徒占80%左右。

这里我们需要特别关注的就是伊斯兰教徒。

印度伊斯兰教徒的数量，在全球范围内只比印度尼西亚少一些。对于伊斯兰教徒来说，猪肉是禁忌食品，但牛肉是可以食用的。印度有一道叫"尼哈里"的炖煮牛肉类名菜，是在伊斯兰莫卧儿帝国时代诞生的。

此外，基督徒也是吃牛肉的，也就是说，印度共有超过2亿人是可以食用牛肉的。

2亿这个人口数字，与巴西全国的人口规模相当。所以说，印度国内的牛肉市场还是相当庞大的。

当然，对于印度教徒来说，牛是神圣的动物，既不能食用，更不能宰杀，所以印度国内从事牛肉生产的都是伊斯兰教徒。

▲ 水牛数量全球第一！

印度养牛的数量在世界排名第二，仅次于巴西，为1.89亿头；牛奶的生产量仅次于美国，排名世界第二；此外，黄油的生产量排名世界第一。

印度也从水牛身上挤奶。印度水牛的养殖量约为1.09亿头，排名世界第一。和奶牛不同，水牛一旦不能产奶了，还能宰杀吃肉。

由于养殖数量多，印度的牛肉生产量也很大，排名世界第十一，而且印度也是著名的牛皮革生产地。

印度曾经掀起过"绿色革命"，旨在改良农作物品种，因此大幅提高了大米的单位产量，从而实现了粮食自足。20世纪70年代，印度开始大米出口，到2013年印度正式超过了常年位居世界第一的泰国，成为世界最大的大米出口国。

然而绿色革命的前提是大量的资金投入以及占据距离河道较近、灌溉条件优良的农田。

▲ 扩大养牛规模的理由

因此，很多印度农民开始从事不需要大量资金投入的养牛业。而国内完整的养殖系统的建立直接带来了牛奶产量的飞速增长，这也很大程度上改善了印度人的体质。这个变化在印度被称为"白色革命"。

印度生产的牛肉虽然在国内会消耗一部分，但是绝大部分还是用于出口的，近年来印度的牛肉出口量更是激增。2012年的数据显示，加上水牛在内，印度的牛肉出口量竟然达到了世界最高，年出口量为168万吨，超过巴西（139万吨）和澳大利亚（138万吨）。

这么看来，我们一直抱有的"印度人不吃牛肉"的想法，其实是很片面的。

印度教徒中有很大一部分素食主义者，他们不仅不吃牛肉，其他肉类也吃得很少，有一部分人会选择吃鸡肉。

近年来印度的鸡肉生产量大增，被称为"粉色革命"，其背景就是近年来印度的经济成长所带来的人民生活水平的提高。

而全球普及的快餐品牌麦当劳，在印度的经营也颇有意思。麦

印度经济与牛的关系

水牛养殖量为1.09亿头
排名世界第一

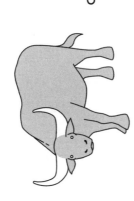

不能挤奶了
还能吃肉

牛肉生产量世界排名第十一位

重点

对于印度经济来说，牛是不可或缺的存在

当劳在印度销售的汉堡中，有两种特别考虑印度教徒饮食习惯的汉堡，一种是用马铃薯做成，而另一种则是用鸡肉做成。

▲ 印度不仅是印度教徒的

2015年9月28日，印度首都新德里，一名伊斯兰男性教徒遭多人公开殴打致死。

而这件事情的起因，是新德里附近村庄走失了一只牛犊。当地人觉得是这名伊斯兰教徒偷走了牛犊，所以聚集了100多人冲进他家对他进行殴打。

但实际上，牛犊并不是他偷的，他家里的冰箱中也并没有任何牛肉。

当年3月，印度西部的马哈拉施特拉邦颁布了一条法令，禁止人们为食肉目的宰杀牛只，也禁止人们持有牛肉。这条法令的颁布使得原本平和的印度教徒中出现了一部分激进分子，围绕着"牛肉"爆发了多次宗教冲突，最终酿成惨剧。

印度的"圣人"甘地曾说过，"印度并不只为了印度教徒而存在"。

在一个国家中，拥有不同价值观的两类人要和平共处原本就是很困难的事情，印度的"牛肉惨案"也让我们更深地理解了这个道理。

特别附录：
了解背景资料后，统计学会变得超有趣！

　　本章将给大家介绍一些统计数据，知道这些就能读懂现代社会！当然，你还要了解下这些数据的一些背景知识。有些统计数据与本书内容也有密切关系，不妨参照着这些数据再看一遍全书吧！

1. 人口TOP10

　　人口排名前十的国家，都是食物供应大国或者农业大国，大米产量多的国家（中国、印度、印度尼西亚、孟加拉国）或小麦产量多的国家（中国、印度、美国、俄罗斯）等。食物供给量大的国家，就能支撑起相应的人口数量。而以农业为中心的国家一般经济水平不高，比起利用机械设备的资本密集型农业，这些国家更倾向于发展利用大量劳动力的劳动密集型农业。而生产性越低的国家，越依赖劳动力人口，其出生率也就越高。

人口数量

（2015年）

第一名	中国
第二名	印度
第三名	美国
第四名	印度尼西亚
第五名	巴西
第六名	尼日利亚
第七名	巴基斯坦
第八名	孟加拉国
第九名	俄罗斯
第十名	日本

2. 人口增加率 TOP10

　　人口增长包括自然增长和社会增长两个部分。自然增长指的是
出生率和死亡率之间的差，而社会增长指的是移进某地区和迁出某
地区的差。虽然近年移民成了一个大的社会问题，但在大多数情况
下，以国家为单位计算，移民并不会给总人口带来太大变化，影响
总人口基数的主要原因还是自然增长。历史上"多产多死"型人口
动态的国家，由于近年来医疗水平的提高和卫生环境的改善，渐渐
转变成"多产少死"型国家。而之所以没有转变为"少产少死"型，
是因为出生率一直居高不下，尤其在非洲各国。

人口增长率

（2015年）

第一名	阿曼
第二名	黎巴嫩
第三名	尼日尔
第四名	科威特
第五名	南苏丹
第六名	蒲隆地
第七名	乍得
第八名	乌干达
第九名	安哥拉
第十名	伊拉克

3. 全球生育年龄段人口比 TOP10国家／地区

阿拉伯联合酋长国和卡塔尔的生育年龄人口比例已经超过了80%。1990年，阿拉伯联合酋长国的生育年龄人口比例为69.78%，卡塔尔为71.44%，近年更是连年增加。阿拉伯联合酋长国的人口中90%都是外来人口，他们都是为了赚钱来到这里的，自然年轻人居多。而到了一定年纪，这些外来人口就会回归本地，再换新的一批年轻"淘金客"来。因此，阿拉伯联合酋长国的劳动者一直保持着年轻化的状态，高龄化（65岁以上人口）比例仅为1.13%，维持在极低的水准。

生育年龄段人口比

（2015年）

第一名	阿拉伯联合酋长国
第二名	卡塔尔
第三名	中国澳门
第四名	阿曼
第五名	巴林
第六名	科威特
第七名	摩尔多瓦
第八名	中国台湾
第九名	中国
第十名	中国香港

4. 全球高龄化比例TOP10

　　高龄化比例指的是老年人口（65岁以上人口）在人口中所占的比例。儿童人口（15岁以下人口）越少，老年人口比例就会相对越多。所以高龄化比较严重的国家，基本都是出生率较低的国家。排名靠前的这些国家，平均儿童人口比例都在15%左右。其中，日本虽然近年出生率提高了不少，但是整体来看生育年龄段人口比例仅为60.81%，在全球范围内属于极低的水平。也就是说，日本劳动力人口严重不足。

高龄化比例

（2015年）

第一名	日本
第二名	意大利
第三名	希腊
第四名	德国
第五名	葡萄牙
第六名	芬兰
第七名	保加利亚
第八名	瑞典
第九名	拉脱维亚
第十名	马耳他

5.与日本贸易往来最密切的国家 / 地区 TOP10

　　来料加工贸易，指的是进口原材料，然后加工成工业制品再出口的贸易形式。越是资源小国，越是倾向于这种来料加工式的外贸形式。近年来很多企业开始将研究开发部门留在本国，而制造部门则移建至发展中国家。这也就是所谓的"国际分工体制"，因此发展中国家的工业制品（包括零部件在内）进口量也在逐年增长。日本的贸易中，主要出口产品是机械类和汽车等，主要市场包括美国、中国以及亚洲周边国家和地区。

出口对象国家 / 地区

（2015年）

第一名	美国
第二名	中国
第三名	韩国
第四名	中国台湾
第五名	中国香港
第六名	泰国
第七名	新加坡
第八名	德国
第九名	越南
第十名	马来西亚

进口对象国家／地区

（2015年）

第一名	中国
第二名	美国
第三名	澳大利亚
第四名	韩国
第五名	沙特阿拉伯
第六名	阿拉伯联合酋长国
第七名	中国台湾
第八名	马来西亚
第九名	泰国
第十名	德国

6. 进出口总额 TOP10 的国家 / 地区

出口额较高的国家和地区中，以中国为首，包括美国、德国、日本、韩国在内，机械类和汽车的出口比例都比较高。而能源等矿产资源由于附加值较低，出口金额较小，所以以矿产资源为主要出口商品的国家和地区，从总体金额上来看无法进入上位列表。而进口金额高的国家和地区中，"有钱人众多"的美国自然是第一位，紧跟其后的就是近年国民人均购买力急速上升的中国。总体来说，人口众多的发达国家和地区由于本地市场大，进口额都相对较高。

出口额

（2015年）

第一名	中国
第二名	美国
第三名	德国
第四名	日本
第五名	荷兰
第六名	韩国
第七名	中国香港
第八名	法国
第九名	英国
第十名	意大利

进口额

（2015年）

第一名	美国
第二名	中国
第三名	德国
第四名	日本
第五名	英国
第六名	法国
第七名	中国香港
第八名	荷兰
第九名	韩国
第十名	加拿大

7.GNI、GDP TOP10

GNI（Gross National Income，国民总收入）指的是当年国民个人及企业在全球范围内的收入总和，其是在GDP（Gross Domestic Product，国民生产总值）的基础上加上了海外收入的总金额。海外投资越高的国家，GNI与GDP的差额就越大。从表格中可以看出，美国、日本、德国、法国都属于海外投资金额较高的国家。

GNI

（2015年）

第一名	美国
第二名	中国
第三名	日本
第四名	德国
第五名	英国
第六名	法国
第七名	印度
第八名	意大利
第九名	巴西
第十名	加拿大

GDP

（2015年）

第一名	美国
第二名	中国
第三名	日本
第四名	德国
第五名	英国
第六名	法国
第七名	印度
第八名	意大利
第九名	巴西
第十名	加拿大

8. 汽车产量大国 TOP10

　　每个国家的汽车生产体制都有自己的特点。从产量上来看,中国、印度、墨西哥、西班牙、巴西、加拿大、泰国等都是著名的汽车生产大国。其中有的国家主要依赖外国企业投资,这些国家的共通点就是以生产面向大众的小型汽车为主。人口多的话就主攻国内市场,周边国家人口多的话就缔结关税协定以出口到周边国家。当然也有的国家属于国内企业生产很发达的类型,如美国、日本、德国、印度、法国、英国等。其中德国、法国、意大利、英国等国家,在高级汽车生产方面比其他国家更发达。

汽车产量

（2015年）

第一名	中国
第二名	美国
第三名	日本
第四名	德国
第五名	韩国
第六名	印度
第七名	墨西哥
第八名	西班牙
第九名	巴西
第十名	加拿大

9. 水产品生产量 TOP10

水产品生产量，指的是渔获量与养殖产量的总和。好渔场一般都有寒暖流交汇区以及浅滩构造，全球尤其以太平洋西北部渔场（中国、日本、俄罗斯等）、太平洋东北部渔场（美国、加拿大）、太平洋东南部渔场（智利、秘鲁）、大西洋东北部渔场（加拿大、美国）、大西洋西北部渔场（挪威、英国、冰岛等）这五个渔场的渔业最为发达。而养殖业方面，近年来中国、印度尼西亚、印度、越南等国的水产养殖业发展速度都很快。

水产品生产量

（2015年）

第一名	中国
第二名	印度尼西亚
第三名	印度
第四名	越南
第五名	美国
第六名	缅甸
第七名	日本
第八名	菲律宾
第九名	俄罗斯
第十名	智利

10. 农业生产量TOP10

　　农业要发展，就必须拥有一个适合农作物生长的自然环境，如气温、降水等。总体上来说，最暖月的平均气温在10℃以上、年降水量在500毫米以上的地区会更有益于各类农作物生长。气候学家柯本将这种气候条件命名为"树木气候"，是比较适合发展农业的气候类型。此外，国土面积越大，农作物的出产量也就越高。表格中的中国、印度、美国、巴西、俄罗斯等国都拥有广袤的国土，而印度尼西亚、尼日利亚等国由于是人口大国，农业人口比例很高，因此农业生产量也相对较高。

农业生产量

（2015年）

第一名	中国
第二名	印度
第三名	美国
第四名	印度尼西亚
第五名	尼日利亚
第六名	巴西
第七名	巴基斯坦
第八名	俄罗斯
第九名	土耳其
第十名	日本

11. 全球三大谷物出口量 TOP10

大米、小麦、玉米被称为"三大谷物"，属于全球年产量很高的谷物品种。

大米90%的产量出自季风亚洲地区，但是这些大米基本都用于本国国内消费，几乎没有出口。正因为如此，大米的整体出口量比小麦和玉米都少，基本上还是属于一种自给自足型谷物。出口量排名靠前的包括印度、泰国、越南等国，也都是亚洲国家。其中巴基斯坦虽然不属于季风亚洲地区，但因为位于印度河河口附近，灌溉条件良好，所以大米种植很发达。大米是巴基斯坦的主要出口产品之一。

小麦出口大国包括美国、加拿大、法国、澳大利亚、俄罗斯等国。这些国家面积广阔，都实行了小麦的规模化种植，除了保证本国消费外，还有大量出口供给。因此小麦的出口量比大米多很多，属于拥有商品属性的谷物。特别是美国、澳大利亚和加拿大这几个新大陆国家，普遍推广的是以企业为主导的大规模农业种植，虽然从业者不多，但人均耕地面积都非常广阔——美国为168.2公顷、加拿大为202.6公顷、澳大利亚为860.3公顷（2013年数据）。

在玉米的出口领域，美国多年来一直占据主要地位。但是由于玉米是制作生物乙醇的主要原料之一，近年来美国国内对生物乙醇需求增加，导致美国的玉米出口量大大减少。相对来说，巴西等国的玉米出口量在大量增加。

大米

第一名	印度
第二名	泰国
第三名	越南
第四名	巴基斯坦
第五名	美国
第六名	乌拉圭
第七名	巴西
第八名	意大利
第九名	阿根廷
第十名	缅甸

小麦

第一名	美国
第二名	加拿大
第三名	法国
第四名	澳大利亚
第五名	俄罗斯
第六名	德国
第七名	乌克兰
第八名	印度

| 第九名 | 哈萨克斯坦 |
| 第十名 | 罗马尼亚 |

玉米

（2015年）

第一名	巴西
第二名	美国
第三名	阿根廷
第四名	乌克兰
第五名	法国
第六名	印度
第七名	罗马尼亚
第八名	巴拉圭
第九名	南非
第十名	俄罗斯

图书在版编目 (CIP) 数据

地理上的经济学 /（日）宫路秀作著；吴小米译 .—杭州：
浙江大学出版社，2020.3（2025.11重印）
ISBN 978-7-308-19252-1

Ⅰ.①地… Ⅱ.①宫… ②吴… Ⅲ.①经济地理学
Ⅳ.①F119.9

中国版本图书馆 CIP 数据核字（2019）第126836号
KEIZAI WA CHIRI KARA MANABE! by Shusaku Miyaji
by Shusaku Miyaji
Copyright © 2017 Shusaku Miyaji
Simplified Chinese translation copyright © 2020 by Zhejiang University Press
All rights reserved.
Original Japanese language edition published by Diamond, Inc.
Simplified Chinese translation rights arranged with Diamond, Inc.
through Eric Yang Agency
浙江省版权局著作权合同登记图字，11-2018-415号

地理上的经济学

［日］宫路秀作　著　吴小米　译

策划编辑	张　婷	
责任编辑	曲　静	
责任校对	陈　翮	
封面设计	violet	
出版发行	浙江大学出版社	
	（杭州市天目山路148号　邮政编码310007）	
	（网址：http://www.zjupress.com）	
排　版	杭州青翾图文设计有限公司	
印　刷	浙江新华数码印务有限公司	
开　本	880mm×1230mm　1/32	
印　张	7.625	
字　数	156千	
版 印 次	2020年3月第1版 2025年11月第20次印刷	
书　号	ISBN 978-7-308-19252-1	
定　价	48.00元	